Großsteingräber der Altmark

HARTMUT BOCK

BARBARA FRITSCH

LOTHAR MITTAG

# Großsteingräber der Altmark

MIT EINEM BEITRAG VON JOHANNES MÜLLER

HERAUSGEGEBEN VON HARALD MELLER

FOTOGRAFIEN VON JURAJ LIPTÁK

Landesamt für Denkmalpflege
und Archäologie Sachsen-Anhalt
LANDESMUSEUM FÜR
VORGESCHICHTE

# Impressum

*Herausgeber:* Harald Meller
*Autoren:* Hartmut Bock, Barbara Fritsch, Lothar Mittag, Johannes Müller
*Foto-Neuaufnahmen der Großsteingräber:* Juraj Lipták (falls nicht anders angegeben)
*Foto Umschlag:* Juraj Lipták
*Umschlagtext:* Kathrin Wibbe
*Gestaltung:* Klaus Pockrandt
*Satz und Layout:* Klaus Pockrandt
*Grafische Umsetzung der Karten und Pläne:* Nora Seeländer (falls nicht anders angegeben)
*Bildbearbeitung:* Brigitte Parsche, Klaus Pockrandt
*Redaktion:* Markus C. Blaich, Barbara Fritsch
*Organisation und Herstellung:* Manuela Schwarz
*Druck:* Grafisches Centrum Cuno, Calbe

Bibliografische Information Der Deutschen Bibliothek
Die Deutsche Bibliothek verzeichnet diese Publikation in der Deutschen Nationalbibliografie; detaillierte bibliografische Daten sind im Internet über http://dnb.ddb.de abrufbar.



ISBN 978-3-8062-2091-9 (Buchhandelsausgabe)
ISBN 3-939414-03-4 (Museumsausgabe)

*Stöckheim*

# Inhalt

# Vorwort des Herausgebers

Vor fast 7000 Jahren entstanden in der Bretagne und der Normandie die ersten Großsteingräber; in den folgenden 2000 Jahren wurde Tausende dieser Anlagen in immer größeren und zum Teil komplexeren Formen in großen Teilen Nordeuropas, aber auch an den Küsten Südeuropas errichtet. Diese monumentalen Anlagen der Megalithik, zu denen auch Steinkreise, Menhire und verwandte Monumente gehören, sind die eindrucksvollsten und dauerhaftesten Zeugnisse unserer schriftlosen europäischen Vergangenheit. Sie sind umso auffälliger, als alle nachfolgenden vorgeschichtlichen Bauten ganz überwiegend aus Holz errichtet wurden und deshalb heute bis auf geringe Spuren im Boden, die der archäologischen Interpretation bedürfen, vergangen sind. Trotz ihrer massiven, ja monumentalen Bauweise wurde der Großteil der Megalithgräber vor allem während der Neuzeit zerstört. Die Altmark bildet hier keine Ausnahme. Von ursprünglich mehr als 200 Anlagen sind heute nur noch 48 erhalten. Trotz der langen Kenntnis der Megalithgräber seit Beginn der Vorgeschichtsforschung und trotz zahlreicher Untersuchungen sind wir in den zentralen Fragen nach Grabsitte und geistigem Hintergrund, aber auch nach dem Grund für das merkwürdige Verbreitungsgebiet und den erheblichen Zeitraum der Ausbreitung nur in Ansätzen informiert.

Wie bei der Errichtung gotischer Kirchen scheinen die Überschüsse produzierenden bäuerlichen Gemeinschaften – von einer gemeinsamen Idee beseelt – zu außergewöhnlichen Demonstrationen ihres Vermögens inspiriert gewesen zu sein.

Vor über 100 Jahren publizierten Eduard Krause und Otto Schoetensack die letzte umfassende Abhandlung über die altmärkischen Großsteingräber. Hartmut Bock, Vorsitzender des »Vereins Junge Archäologen der Alt-

mark e.V.« und langjähriger ehrenamtlicher Mitarbeiter des Landesamtes für Denkmalpflege und Archäologie Sachsen-Anhalt (LDA), Lothar Mittag, Johann-Friedrich-Danneil-Museum Salzwedel, und Barbara Fritsch, Gebietsreferentin des LDA, wollen mit dem vorliegenden Band die vorhandene Lücke schließen und das kulturhistorische Erbe der Jungsteinzeit nicht nur Fachleuten, sondern auch einer breiten Bevölkerung zugänglich machen. Geplant sind zudem eine Beschilderung der Anlagen und die Erarbeitung eines Fahrrad-Rundwanderweges, auf dem die »Megalithlandschaft Altmark« sich Besuchern und Einheimischen erschließt.
Die Beschreibung der Gräber folgt einem einheitlichen Schema, das die wichtigsten Merkmale wie Lage, Erhaltung, Grabform etc. aufführt. Übersichtskarten im Umschlag und Kartenausschnitte erleichtern die Orientierung im Gelände und das Auffinden der Gräber. Zusammenfassungen von Untersuchungsergebnissen und Sagen geben weitere Informationen, die durch historische Archivaufnahmen und -abbildungen illustriert werden. Juraj Lipták steuerte dazu die zahlreichen eindrucksvollen Panoramafotos bei; die mit neuester Technik erstellten Pläne und Detailvermessungen verdanken wir der Zusammenarbeit mit den archäologischen Instituten der Universitäten Bamberg und Kiel unter der Leitung von Professor Johannes Müller.

Mein Dank gilt insbesondere den Autoren, die größtenteils außerhalb ihrer regulären Arbeitszeit das Projekt vorantrieben, Juraj Lipták, der während der ungemütlichsten Jahreszeit in nur wenigen zur Verfügung stehenden Tagen hervorragende Bilder machte, den Mitgliedern des »Vereins Junge Archäologen der Altmark«, die die Megalithgräber reinigten, und Johannes Müller mit seinen ebenso engagierten Studentinnen und Studenten aus Bamberg und Kiel. Die Neuvermessung und Erarbeitung der Pläne wurde dankenswerter Weise durch Olaf Schröder, Vermessungsingenieur des LDA, unterstützt.

Dass auch dieses Buch nur den jetzigen Stand der Forschung darstellt, beweist die Entdeckung einer neuen, bislang unbekannten Anlage bei Mellin im Herbst 2006. Da die Drucklegung bereits weitgehend abgeschlossen war, konnte sie nur noch als Nachtrag in den vorliegenden Band aufgenommen werden – es bleibt abzuwarten, ob weitere Anlagen in Zukunft entdeckt werden.

Harald Meller

# Vorwort der Autoren

*1 Die »Jungen Archäologen der Altmark« 2005 nach der Reinigung des Großsteingrabes von Kläden (Ldkr. Stendal). Foto: Chr. Friedrichs.*

Seit die Großsteingräber vor über 5000 Jahren während der Jungsteinzeit errichtet wurden, prägen sie eindrucksvoll die altmärkische Landschaft. Leider sind nur noch 48 von ehemals weit über 200 Anlagen – mehr oder weniger gut – erhalten. Das bekannteste unter ihnen ist das Stöckheimer Grab (Altmarkkreis Salzwedel) mit dem größten Deckstein der Altmark (ca. 22 t Gewicht). Nachdem 1989/90 die innerdeutsche Grenze und das Sperrgebiet, in dem ein großer Teil der Gräber lag, verschwunden war, nahm der Besucherstrom stark zu. Damit wuchs der Wunsch nach einem fachlichen Führer zu diesen ältesten sichtbaren Zeugen der menschlichen Besiedlung in der Altmark.

Die letzte umfassende Veröffentlichung stammt von 1893, als E. Krause und O. Schoetensack alle damals bekannten altmärkischen Großsteinanlagen in der »Zeitschrift für Ethnologie« publizierten. E. Sprockhoff, der in den 1920er und 1930er Jahren die Megalithgräber Deutschlands aufnahm, konnte die Anlagen aus Sachsen-Anhalt nicht bearbeiten, so dass der 40 Jahre später erschienene »Atlas der Megalithgräber Deutschlands« nur die Gebiete von Schleswig-Holstein, Mecklenburg, Brandenburg, Pommern, Niedersachsen und Westfalen umfasst.

So entstand die Idee, eine komplette Neuaufnahme der Gräber durchzuführen und das Ergebnis in einem für Laien und Fachleute gleichermaßen verständlichen Buch darzustellen. Von Anfang an als gemeinsames Projekt geplant, kam es wiederholt zu Gesprächen zwischen den Autor/innen Dr. B. Fritsch (Gebietsreferentin des Landesamtes für Denkmalpflege und Archäologie Halle [Saale]), L. Mittag (Danneilmuseum Salzwedel) und H. Bock (Verein Junge Archäologen der Altmark e.V.). 2002 trugen wir das Projekt dem Landesarchäologen von Sachsen-Anhalt, Dr. H. Meller, vor, der den Vorschlag begeistert aufnahm und spontan eine Sonderpublikation des Landesamtes in Aussicht stellte. Nachdem auch der Altmarkkreis Salzwedel als Träger der Museen dem Vorhaben seine Unterstützung zugesagt hatte, konnte im Sommer 2003 die Aufnahme der Gräber beginnen.

Zu diesem Zweck bereisten wir die gesamte Altmark und sichteten gleichzeitig die in den Archiven des Danneilmuseums und des Landesamtes vorhandenen Unterlagen, Pläne und Fotos. Die Neuaufnahme endete im Frühjahr 2004. Da die vorhandenen alten Pläne sehr ungenau und teilweise auch falsch waren, musste eine Neuvermessung der meisten Anlagen erfolgen. Umfangreiche Vorarbeiten standen an: 35 Mitglieder des Vereins »Junge Archäologen der Altmark« befreiten in mehreren Wochenendeinsätzen die zum Teil völlig zugewachsenen Gräber von Buschwerk und Bäumen* (Abb. 1). In Bretsch (Ldkr. Stendal) beteiligten sich die Gemeindearbeiter unter Anleitung von O. Mewes an der Aktion. Ende Februar 2004 begannen die Vermessungsarbeiten, die von O. Schröder (LDA) und Prof. Dr. J. Müller mit Student/innen aus Bamberg und Kiel im Rahmen eines Praktikums verwirklicht wurden** (Abb. 2). Gleichzeitig führten sie geophysikalische Untersuchungen durch, durch die teilweise Standspuren inzwischen längst verschwundener Umfassungssteine festgestellt werden konnten. Die Fotos von J. Lipták entstanden ebenfalls in dieser Zeit. Viele dieser Aufnahmen wurden ermöglicht, weil ein Jübarer Baubetrieb das Vorhaben durch die Bereitstellung eines Fahrzeuges mit Hubvorrichtung unterstützte.

*2 Studenten der Universität Bamberg beim Vermessen des Großsteingrabes von Schadewohl, Fpl. 2 (Altmarkkreis Salzwedel). Foto: J. Müller.*

** Jörg Ahlemann, Hartmut Bock, Adrian Bornhuse, Göran Bornhuse, Sebastian Bornhuse, Christoph Busse, Jörg Darges, Christian Friedrichs, Marcel Grigat, Hendrik Helmholz, Steven Holz, Paul Janikulla, Thomas Janikulla, Tino Junghans, Bernd Leineweber, Jörn Lenz, Thomas Lingstädt, Thomas Matte, Johannes Mewes, Maxi Mewes, Otto Mewes, Heiko Meyer, Lothar Mittag, Michael Neumann, Karsten Pieper, Martin Pieper, Christian Praast, Ulf Rosenthal, Jürgen Rudolph, Jan Schmidt, Tobias Schröder, Sven Sternagel, Mirko Stowitschek, Frank Wienecke und Manuel Zunder.*

*** Studentische Teilnehmer: Birte Anspach, Nicole Bissdorf, Jan Piet Brozio, Denis Demnick, Alexa Dürr, Sven Gohrbandt, Martin Goller, Annette Guldin, Lorenz Harten, Simone Hofeditz, Peter Honig, Matthäus Jaeger, Dajana Koepke, Marius Kufel, Thorsten Lemm, Sophie Linnemann, Annika Martens, Stephan Melzer, Katrin Otto, Rafael Poloczek, Florian Preiß, Georg Schafferer, Thomas Söhn, Hans-Peter Süss, Remo Trautluft; nicht-studentische Teilnehmer: Lutz Klassen, Jutta Kneisel, Doris Mischka.*

In engem Zusammenhang mit den Arbeiten für diese Publikation wurde im Johann-Friedrich-Danneil-Museum Salzwedel eine Ausstellung unter dem Titel »Sagenhafte Steine« erarbeitet (Abb. 3). Auch dieses Unterfangen unterstützte das Landesamt für Denkmalpflege und Archäologie.
Zum Schluss sei noch einmal allen genannten und den vielen ungenannten Helfern und Unterstützern gedankt*. Unser besonderer Dank gilt Dr. H. Meller, der unser Projekt stets wohlwollend begleitete, U. Kalmbach, dem Leiter des Danneilmuseums, der immer die nötige Unterstützung gewährte, und J. Lipták für seine hervorragenden künstlerischen Aufnahmen.

Mit dieser Veröffentlichung ist auch die Hoffnung verbunden, dass sich die Landkreise, Verwaltungsgemeinschaften, Gemeinden, Tourismusverbände sowie die Wald- und Feldeigentümer zukünftig verstärkt für die Erhaltung und Pflege dieser Kulturdenkmale verantwortlich fühlen. Wir wünschen allen Lesern viel Vergnügen mit unserem Buch und bei dem Besuch der altmärkischen Großsteingräber!

Hartmut Bock, Jübar
Barbara Fritsch, Halle (Saale)
Lothar Mittag, Salzwedel

** Vor allem danken wir Martin Steinig aus Wettenborstel, der mit uns sämtliche Großsteingräber besuchte, Hagen Drenkmann, dem Leiter des Jübarer Baubetriebes, und seinem Fahrer Udo Schweigel.*

*3 Postkarte für die Ausstellung »Sagenhafte Steine« im Johann-Friedrich-Danneil-Museum Salzwedel.*

BARBARA FRITSCH
LOTHAR MITTAG

# Forschungs- und Zerstörungsgeschichte

## Forschungsgeschichte

Die wissenschaftliche Erforschung der Ur- und Frühgeschichte – nicht nur der altmärkischen Großsteingräber – ist eine noch junge Disziplin, deren Ursprünge jedoch bis in das Mittelalter zurückreichen. Das Leben der mittelalterlichen Bevölkerung war geprägt von christlicher Mystik und Volksfrömmigkeit; auffällige, herausragende Bauten wie Großsteingräber, die augenscheinlich nicht mit der Kirche in Verbindung gebracht werden konnten, wurden durch übernatürliche Erscheinungen erklärt (siehe S. 179) oder man hielt sie für »heidnische Opferaltäre« (Abb. 1). Der dänische Geschichtsschreiber Saxo Grammaticus behauptete um 1200 in seiner »Gesta Danorum«, dass es sich bei den Erbauern der gewaltigen Anlagen, die sich an den Grabstätten und Höhlen der Vorfahren befänden, nur um Riesen mit übernatürlichen Kräften gehandelt haben könne, denn Menschen wären nie in der Lage gewesen, solche gewaltigen Steine auf die Berge zu transportieren (Hube 2004, 41).

*1 Stilisierte Darstellung verschiedener »Alterthümer der Mark«. Im Vordergrund eine Opferszene auf einem Altar, im Hintergrund mehrere Großsteingräber.*

Spätestens seit dem 16. Jh. setzte sich die Erkenntnis durch, dass es sich um Bauwerke von Menschenhand handelte, in denen Tote bestattet worden waren. Der Magister Christoph Entzelt aus Saalfeld bei Salzwedel, Pfarrherr zu Osterburg, erwähnt in seiner Chronik der Altmark von 1579 ein Großsteingrab bei Stapel: »... darbey nicht fern/ ligt ein Dorff heist Stapel/ quasi stabulum, darbey findet man einen sonderlichen ort/ da grosse hohe steine auffgericht sein/ quasi lectum lapideum, vel lapidum, oder das Helden bette/ quasi lectum heroum, da sollen die alten Herrn von der Zera begraben sein/ wie vorzeiten grosse Herrn sich also in die Hügel im felde begraben lassen«.

Nach der Reformation und verstärkt mit der Aufklärung im 17./18. Jh., die den Prozess der Säkularisierung einleitete, änderte sich die Einstellung gegenüber den menschlichen Hinterlassenschaften. Auch in der Altmark begann die (vorwissenschaftliche) Erforschung der Großsteingräber. Der erste fassbare Nachweis stammt aus dem Jahr 1741, in dem der Pfarrer von Bombeck, Altmarkkreis Salzwedel, die ersten Grabungen bei Bierstedt im Jahre 1728 beschrieb. »Sonst finden sich in hiesiger Gegend und in sonderheit in einem denen Herrn von dem Knesebeck zu Tilsen gehörigen und zwischen dihsen und Groß- und Klein-Bierstedt gelegenen Holze verschiedene Hügel mit Stein Kreisen besetzet, in deren Mitte man die Ueberbleibsel von Heydnischen Altären, als große übereinander gelegte Steine antrifft, die von den Einwohnern Hünen- oder Riesen-Bette, auch Wendische Kirchhöfe genannt werden. Der vormahlige Landes-Hauptmann der alten Mark, Herr Wilhelm Ludewig von dem Knesebeck ließ a. 1728 einige solcher Hügel durchgraben und die Steine mit Winden und Hebe-Bäumen zurückbringen, oder in die Erde verstecken. Nun fand man zwar auf den Hügeln in den Stein Kreisen hin und wieder Scherben von einigen Schalen und Näpfen, die mit vielen Strichen künstlich gezieret waren: aber keine urnam, noch derselben Anzeige. Doch unter denen über einander liegenden Steinen, oder gewesten altären fand sich in der Erden ein mit gebranndten Feuersteinen ausgesetzte kleine Höhle, von ohngefähr 2 1/2 Fuß in der Rundung. Diese war mit großen Knochen und Asche überall angefüllet und oben wieder mit gebrannten Feuersteinen beleget. Wie nun diese Knochen allem Umsehen nach, Menschen Knochen waren, ist daraus zu schließen, daß diese monumenta auch Grab Hügel verstorbener Helden, oder vornehmer Herren unter den alten Deutschen seyn, zu deren Andenken man auf denen über ihren Gräbern erbaueten Altären, geopfert haben mag. Dergleichen mit Steinen besetzte Hügel trifft man in vielen Orten in den Heyden, zwischen den Aeckern und in den Hölzern in unserer Altmark.« (Geheimes Staatsarchiv Berlin Dahlem, Rep. 92, Beckmann V/A Nr. 7, zitiert nach Bock 1991, 14 f.).

1751 veröffentlichte Bernhard Ludwig Bekmann das durch ihn erweiterte und ergänzte Werk seines verstorbenen Bruders Johann Christoph Bekmann, die »Historische Beschreibung der Chur und Mark Brandenburg«. Im zweiten Teil beschäftigten sie sich mit den ihnen bekannten »Alterthümern der Mark« und beschrieben 36 altmärkische Großsteingräber. Zwölf davon bildete der Berliner Kupferstecher F. E. Gericke ab (Abb. 1 und 2). Dabei unterschieden die Brüder zwischen »Hünen- oder Heidenbetten« (Bekmann / Bekmann 1751, 347) und »Grabaltären, welche allein ohne herumgesezte Steinkraiser bloß stehen« (Ebd., 356), wobei vermutet wurde, dass bei diesen die Umfassungssteine »schon mögen hinweggeschaffet sein« (Ebd., 357).
Die erste wissenschaftliche Aufnahme der altmärkischen Hünengräber führte der Salzwedeler Schuldirektor Johann Friedrich Danneil durch. Neben seinen systematischen Katalogen leitete er Ausgrabungen in Megalithgräbern (u. a. Wallstawe, Quadendambeck, Thüritz, Mellin [alle Altmarkkreis Salzwedel], Kläden [Ldkr. Stendal]): »Die Ausbeute, welche diese Gräber geben, ist sehr unbedeutend. Einzelne Scherben von thönernen Gefäßen, sehr selten eine ganze mit Sand gefüllte Urne, einzelne Streithämmer und keil- oder meißelförmige Geräthe aus Feuerstein oder anderm Gestein von verschiedener Größe ist das Wenige, was man für die vielen Kosten hat.« (Danneil 1838, 34 f.). Die Funde vermittelten ihm die folgende Erkenntnis: »Aus diesem Vorkommen der Steingeräthe ohne metallische Arbeiten schließt man wohl nicht mit Unrecht auf das außerordentlich hohe Alter dieser Hünengräber. Sie gehören einer Zeit an, in der die Bewohner der Altmark noch keine Kenntnis von der Bearbeitung der Metalle hatten und sich mit Geräthen aus Stein begnügen mussten. Auffallend ist die große Ähnlichkeit der Steingeräthe in den Hünengräbern, mit denen die zur Zeit der Entdeckung der Südsee-Inseln bei den Einwohnern daselbst gefunden wurden; daher man zu schließen genötigt ist, dass die Gräber von Menschen erbaut sind, die in ihrer Cultur auf derselben Stufe standen, auf der sich die Bewohner der Südsee-Inseln zur Zeit der Entdeckung befanden …« (Danneil 1843, 92).
Aufgrund seiner Untersuchungen im Großsteingrab von Kläden, Ldkr. Stendal, konnte er den Zusammenhang zwischen der Altmärkischen Tiefstichkeramik und den Megalithgräbern feststellen. »Auf der Feldmark Kläden bei Stendal und in der Nachbarschaft befinden sich viel Hünenbetten. Eine ganz in der Nähe des Guts, nahe beim Eiskeller noch zur Hälfte der Länge nach vorhandenes ward theilweise unter meiner Leitung umgegraben. Das Ergebniß war eine nicht unbedeutende Menge von Gefäßscherben, die besonders zwischen den Pfeilern sich fanden, welchen den Deckstein, der bereits fehlt, getragen hatten. Sie waren in so fern interessant, als sie sämmtlich mit tiefen aber scharfkantigen, 1 bis 2 Linien breiten Furchen in verschiedenen Formen, häufig in Zickzacklinien versehen waren.« (Danneil 1838, 45).

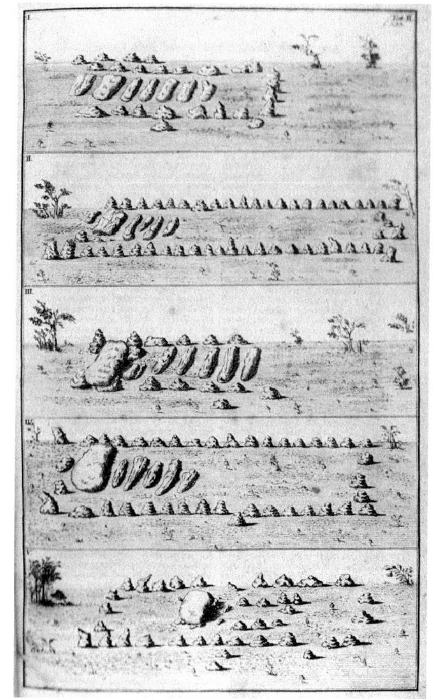

*2 Großsteingräber von Diesdorf (N. I und N. II), Hassel(t) (N. III) und Bretsch (Nr. IV und V). Bis auf N. II (Diesdorf Fpl. 3) sind alle Anlagen verschwunden.*

*3 E. Krause und O. Schoetensack um 1890 bei der Aufnahme der Großsteingräber von Lüdelsen. Im Hintergrund die Gräber Lüdelsen Fpl. 4 und 5.*

In seiner Arbeit von 1843 legte Danneil einen Katalog aller ihm bekannten noch vorhandenen Großsteingräber vor. Von insgesamt 142 aufgelisteten (von 145 ihm bekannten und noch erhaltenen) Gräbern klassifizierte er 34 als »schlecht erhalten«, »nicht sonderlich«, »angegriffen« o. ä., 81 als »gut« und 27 als »sehr gut«, »schön« o. ä.

Etwa 50 Jahre später erfolgt die erneute Aufnahme der altmärkischen Großsteingräber durch Eduard Krause, Konservator am Königlichen Museum für Völkerkunde in Berlin, und Otto Schoetensack aus Heidelberg, veröffentlicht in der »Zeitschrift für Ethnologie« (1893) (Abb. 3). Vor allem auf der Grundlage der Arbeiten von Danneil 1838 bzw. 1843 und von B. L. Bekmann und J. Chr. Bekmann 1751 listeten sie 190 Megalithgräber auf und erwähnten 14 weitere, von denen sie jedoch keine weitere Beschreibung liefern konnten. 45 der bekannten 50 Gräber wurden systematisch aufgemessen und fotografiert, die bekannten Funde vorgelegt (Abb. 4). 50 Gräber waren zu dieser Zeit vorhanden, mitunter nur noch in Resten. Die Anzahl der bekannten, aber zerstörten Gräber erhöhte sich in dieser Zeit auf 154, die der gut bis sehr gut erhaltenen verringerte sich auf 24.

Paul Ludwig Bernhard Kupka aus Stendal, der sich intensiv mit der Ur- und Frühgeschichte der Altmark beschäftigte, stellte unter anderem die Verbindung zwischen den Großsteingräbern und der von ihm so genannten »Langgrabkeramik« (Alttiefstichkeramik) her (Kupka 1921; Kupka 1926).

Bis zum Erscheinen des vorliegenden Buches gab es nach der Publikation von Krause und Schoetensack 1893 keine umfassende Veröffentlichung über die altmärkischen Großsteingräber. Gelegentliche Arbeiten widmeten sich immer nur einem Teil der Anlagen. Prof. Wilhelm Blasius aus Braunschweig bereiste nach 1900 die westliche Altmark (Blasius 1904), ebenso der Salzwedeler Krankenhausdirektor Dr. Walter Sudhoff (Anfang der 1930er Jahre), der die Großsteingräber in der westlichen Altmark fotografierte und für eine Ausstellung in Hamburg neue Zeichnungen anfertigen ließ (Abb. 5). Die Megalithgräber der östlichen Altmark wurden mit (stark idealisierten) Zeichnungen und Beschreibungen in die Bände über die Kunstdenkmale der Provinz Sachsen mit aufgenommen (Hossfeld/Haetge 1933, 46 f., 69 f., 120 f., 181 f.; Haetge 1938, 71). 1959/60 führten Dieter Kaufmann, Walter Saal und Günter Wetzel eine Neuaufnahme durch, die die Zahl der bekannten bzw. rekonstruierbaren Megalithgräber auf über 200 erhöhte (Wetzel 1966, 39). Die Ergebnisse wurden jedoch noch nicht veröffentlicht. Bei der Bearbeitung durch die Autoren in den Jahren 2003–2005, die Flurkarten, Beschreibungen, alte Gemälde etc. berücksichtigte, wurden Daten von insgesamt 210 Gräbern erfasst und für diese Publikation 24 Anlagen neu vermessen.
Abgesehen von den Ausgrabungen durch Joachim Preuß (1973) knapp südlich der Altmark in Bebertal (Ohrekreis; 1966–1969) sind die Grabungen des damaligen Landesamtes vor Vorgeschichte Halle unter Leitung von

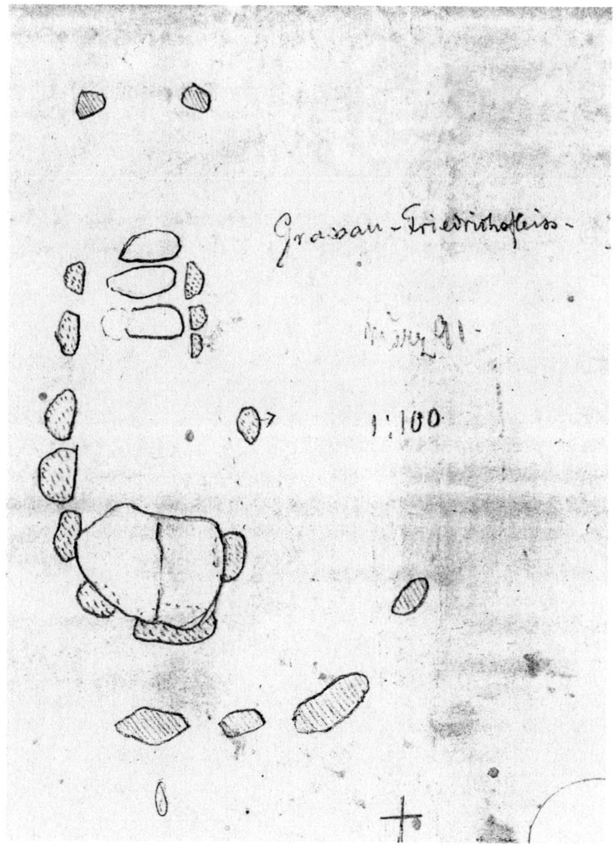


*4 Das Großsteingrab von Hohenwulsch-Friedrichsfleiss Fpl. 1, Gemarkung Grassau. Originalzeichnung von Krause / Schoetensack, März 1891.*

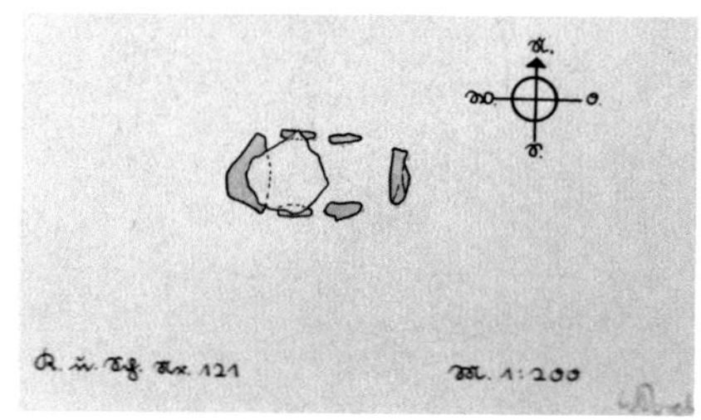

*5 Das Großsteingrab von Bierstedt Fpl. 1. Originalzeichnung von E. Porch, dem Zeichner von W. Sudhoff, um 1930.*

*6 Das Großsteingrab Leetze Fpl. 6 während der Ausgrabungen durch U. Fischer. Aus dem Nachlass von Lehrer H. Künne (Püggen). Originale Bildunterschrift: »Der große Deckstein wird auf die Kammer gezogen, dabei zerrissen beide Flaschenzüge. Im Juli 1939, [v.l.n.r.] Künne, Leopold, Fischer.«*

Ulrich Fischer in den Jahren 1938/39 in Leetze, Gemarkung Wötz, bisher die einzigen größeren Grabungsaktivitäten im Zusammenhang mit altmärkischen Großsteinanlagen, die einem wissenschaftlichen Standard genügen (Fischer 1939; Preuß 1980, 101 ff.) (Abb. 6).

In den vergangenen hundert Jahren verschlechterte sich der Zustand der Gräber zunehmend, die Gesamtzahl verringerte sich seit der Aufnahme von Krause und Schoetensack um drei auf heute insgesamt 47 erhaltene Monumente. Nur noch drei Megalithgräber sind in sehr gutem Zustand, 16 können als gut, 20 als mittelmäßig erhalten bezeichnet werden, acht Gräber sind nur noch in wenigen Resten vorhanden.

Trotz der langen wissenschaftlichen Beschäftigung mit den altmärkischen Großsteingräbern wissen wir noch immer sehr wenig über diese Anlagen. Allerdings ermöglichen uns typologische Vergleiche mit anderen Regionen sowie ethnologische Parallelen aus jüngster Vergangenheit (z. B. Madagaskar; Mohen 1989, 55 ff.) die zeitliche Einordnung bzw. Interpretation.

## Zerstörungsgeschichte

Vermutlich erfolgte die großflächige Vernichtung der Großsteingräber und die Beseitigung vieler »heiliger Steine« nicht bereits im Zuge der Christianisierung der Altmark, wie meist vermutet wird, sondern erst später. Zwar richteten religiöse Eiferer unter den frühen Missionaren an einigen Plätzen Zerstörungen an, aber einfacher war es, neben den vormals heidnischen Kultplätzen christliche Kirchen zu errichten oder Steine mit kultischer Bedeutung in den Kirchenbau oder in die Friedhofsmauer einzubeziehen, also eine »Umwidmung« des Platzes vorzunehmen. Als bestes Beispiel aus der Altmark kann dafür das Winterfelder Großsteingrab (Altmarkkreis Salzwedel) angeführt werden, das auf dem Pfarrhof direkt neben der im frühen 13. Jh. erbauten Kirche liegt und erst im 19. Jh. durch den Bau einer Stallanlage teilweise zerstört wurde. Auch in Mahlsdorf (Altmarkkreis Salzwedel) befinden sich am und auf dem Friedhof noch immer die Reste einer vorchristlichen Steinanlage. In Jeetze (Altmarkkreis Salzwedel) hingegen ist über dem vermauerten ehemaligen Hauptportal der Kirche ein gewaltiger, möglicherweise vorher kultisch verwendeter Monolith als Türsturz eingesetzt worden. Zudem kann man in auffällig vielen altmärkischen Friedhofsmauern große Findlinge entdecken, die, sicherlich absichtlich für jedermann sichtbar, in die Außenseite der Mauer eingebunden wurden. Möglicherweise handelte es sich auch dabei um die Steine vormaliger Kultanlagen. Man band sie in die neue Kirche und den Kirchhof ein, um den »Heiden« den Übertritt zum Christentum zu erleichtern.

J. Chr. Bekmann beklagte bereits Mitte des 18. Jh., dass die Bauern die großen Steine beseitigten: »Heut zutage pflegt man die Steine, welche bei räumung einer Gegend oder auf den aeckern im Wege liegen zu untergraben und einzusenken; und dürften endlich von diesen herrlichen Althertümern, die über 1000 jahre gestanden, mit der Zeit nichts oder wenig mehr zu sehen sein.« (Bekmann / Bekmann 1751, 366). Bekmann leistete mit seinen wissenschaftlichen Überlegungen diesem Treiben ungewollt Vorschub: Indem er die Menschen von ihrem Aberglauben zu befreien versuchte, bereitete er mit den Boden für die Vernichtung der Denkmale. Allerdings fanden die größten Zerstörungen wahrscheinlich erst im 19. Jh. statt, bedingt durch Reformation und Aufklärung, aber ausgelöst durch die Separation. Durch die Agrarreformen von 1807 und 1811 konnten sich auch die altmärkischen Bauern von ihrer Abhängigkeit vom Grundherren freikaufen. Das nun private Ackerland lag, bedingt durch die alte Dreifelderwirtschaft, in viele kleine Ackerstreifen zerstückelt über die ganze Gemarkung verstreut. Das änderte sich mit der in allen altmärkischen Dörfern durchgeführten Separation (Neuaufteilung der landwirtschaftlichen Flächen), durch die alle Bauern größere geschlossene Flächen erhielten, und mit den Fortschritten in der Landwirtschaft. Durch den Einsatz von Kunstdüngern konnten die Erträge gesteigert und vormals vermeintlich unfruchtbare Böden beackert und bebaut werden, so dass solche Flächen und die darauf befindlichen Steine und Gräber zunehmend der Vernichtung preisgegeben wurden.

Gleichzeitig benötigte man wegen der Industrialisierung und der wachsenden Bevölkerung viel Baumaterial. Die großen Steine eigneten sich nach einer entsprechenden Zurichtung hervorragend zum Anlegen der neu entstehenden »Kunststraßen« oder zum Häuser-, Scheunen- und Kirchenbau. Das erkannte auch Danneil. Ein ganz wesentliches Ziel seiner Erfassung war der Schutz der erhaltenen Großsteingräber vor der Zerstörung. Damit »die Hünengräber in der Altmark, diese ehrwürdigen Denkmähler einer ganz dunklen Vorzeit möglichst vom Untergange bewahrt werden...«, bereiste er vom 23. 6. bis 12. 8. 1842 die gesamte Altmark, um »eine Alterthumscharte zu entwerfen, auf der die Plätze genau bezeichnet sind, an welchen sich vollständig erhaltene Hünenbetten finden …« (Brief von Danneil an den Oberpräsidenten der Provinz Sachsen vom 30. 1. 1842; zitiert nach Preuß 1983, 654 f.).

In den folgenden 50 Jahren wurden etwa zwei Drittel der Großsteingräber zerstört. Theodor Zechlin schrieb in seinem Jahresbericht für den Altmärkischen Geschichtsverein, erstattet in der Generalversammlung vom 19. Dezember 1862: »So hat es z. B. bei dem immer fühlbarer werdenden Mangel an Granitsteinen zur Wegepflasterung nicht gefehlt, daß die Grabdenkmäler der vorchristlichen Zeit, deren die Altmark besonders im Kreise Salzwedel sehr viele von ausgezeichneter Schönheit besitzt, angegriffen sind. Die Zerstörung hat sich bis jetzt nur auf bereits unvollkommene Grabstätten erstreckt, so daß die von Sr. Majestät dem Hochseligen Könige Friedrich Wilhelm IV. angekauften, sowie auch die durch Schönheit, Größe und sich daran knüpfende Sagen ausgezeichneten Hünenbetten unangerührt geblieben sind. Wir danken dies größtentheils den Bemühungen des Herrn Landraths v. Lattorf. Bei der Zerstörung der Hünengräber ist übrigens Nichts aufgefunden, was der Verein nicht schon in seinen Sammlungen besser besäße, indem das Gefundene nur in Aschenkrügen und einzelnen ehernen Gerätschaften, die überdies größtentheils zerbrochen waren, bestand.« (Zechlin 1863, 6 f.).

Hier – wie auch schon bei Danneil – wird nicht unterschieden, ob Großsteingräber oder Kegelgräber (bronzezeitliche Hügelgräber) »ausgegraben« bzw. zerstört werden.

Der ehemalige Tangelner Johann Joachim Matthias (1827–1898), der in der Fremde zu einigem Ansehen gekommen war und kurz vor seinem Tode noch einmal seinen Heimatort besuchte, musste dabei erschrocken feststellen, dass inzwischen die meisten Großsteingräber verschwunden waren. Er formulierte seine resignierte Entrüstung darüber folgendermaßen: »Meine Heimath zeichnete sich nämlich durch das massenhafte Vorkommen der sogenannten Hünengräber oder Hünenbeeten aus. Dieselben waren zwischen Tangeln und Rohrberg so großartig wie ich dergleichen in Deutschland nirgends gesehen habe. Diese Denkmäler aus uralten Zeiten bildlich darzustellen, erschien mir schon im Knabenalter als verdienstvolle Tath, weil ich wusste, wie sehr die gewaltigen Felsblöcke als Baumaterial begehrt wurden. Damals fehlte mir aber noch die Fähigkeit, eine einigermaßen brauchbare Darstellung der aufgethürmten Blöcke zu entwerfen und später als ich die nöthige Fertigkeit besaß, hatte die rohe Zerstörung derselben schon begonnen. Die jetzige totale Verwüstung jener Heiligthümer hat mich bei den letzten Besuchen meiner Heimath wirklich mit Groll gegen die jetzigen Bewohner derselben erfüllt. Die Habsucht und Pietätlosigkeit derselben sowie auch die Gleichgültigkeit der betreffenden Behörden gegen derartige Denkmäler, muss in den letzten 50 Jahren sehr zugenommen haben.« (aus der Familienchronik des Johann Joachim Matthias, dankenswerter Weise zur Verfügung gestellt von Prof. R. Wernstedt, Garbsen) (Abb. 7).

Nach Bekmann (1751) sind spätestens seit dem 18. Jh. auch viele der großen, einzeln stehenden Steine verschwunden. Anhand der Sagen ist deren ehemaliger Standort zum Teil heute noch nachvollziehbar (siehe S. 179). Mindestens seit den 1870er Jahren, verstärkt wiederum nach dem 1. Weltkrieg, verbauten die Gemeinden viele große Steine in Kriegerdenkmalen. Auch danach stellte man noch große Gedenksteine auf. Obwohl bei dem Bau der Kriegerdenkmale meist keine Steine von Großsteingräbern Verwendung fanden (siehe S. 186), waren die großen Findlinge in den Dorffluren oder Wäldern umso mehr gefährdet. Auch heute noch, insbesondere nach 1990, verschwinden große Steine aus der Landschaft. Man findet sie dann oft aufgestellt in den Dörfern und Städten der Altmark. Immer mehr von ihnen verschwinden damit, trotz aller Schutzgesetze, aus unseren Fluren.

Bereits 1932 schreibt Walter Sudhoff: »Trotzdem immer wieder von berufener Seite auf den hohen Kulturwert und die wissenschaftliche Bedeutung dieser Steingräber hingewiesen wurde und auch von den Behörden versucht wurde, sie vor der Zerstörung zu schützen, schreitet auch noch in unseren Tagen das Zerstörungswerk fort, indem selbst von gut erhaltenen Gräbern Steine abgetragen und zerschlagen werden, oft nur um 1–2 qm

*7 Großsteingräber zwischen Tangeln und Rohrberg. Gemälde von J. J. Matthias von 1893, gemalt aus der Erinnerung des Jahres 1846.*

Boden eigenen Zwecken nutzbar zu machen.« (Sudhoff 1932, 104).

Ein wesentliches Anliegen dieses Buches ist, die noch erhaltenen Großsteingräber zu dokumentieren und vor einer weiteren Zerstörung oder Beeinträchtigung zu schützen. Wie wichtig das ist, zeigt folgender Vorfall: Ende der 1990er Jahre versuchte eine Steinmetzfirma aus Niedersachsen, den Deckstein des Nesenitzer Grabes (Altmarkkreis Salzwedel) abzubauen – dank aufmerksamer Bürger konnte das jedoch verhindert werden.

# Die altmärkischen Großsteingräber im europäischen Kontext

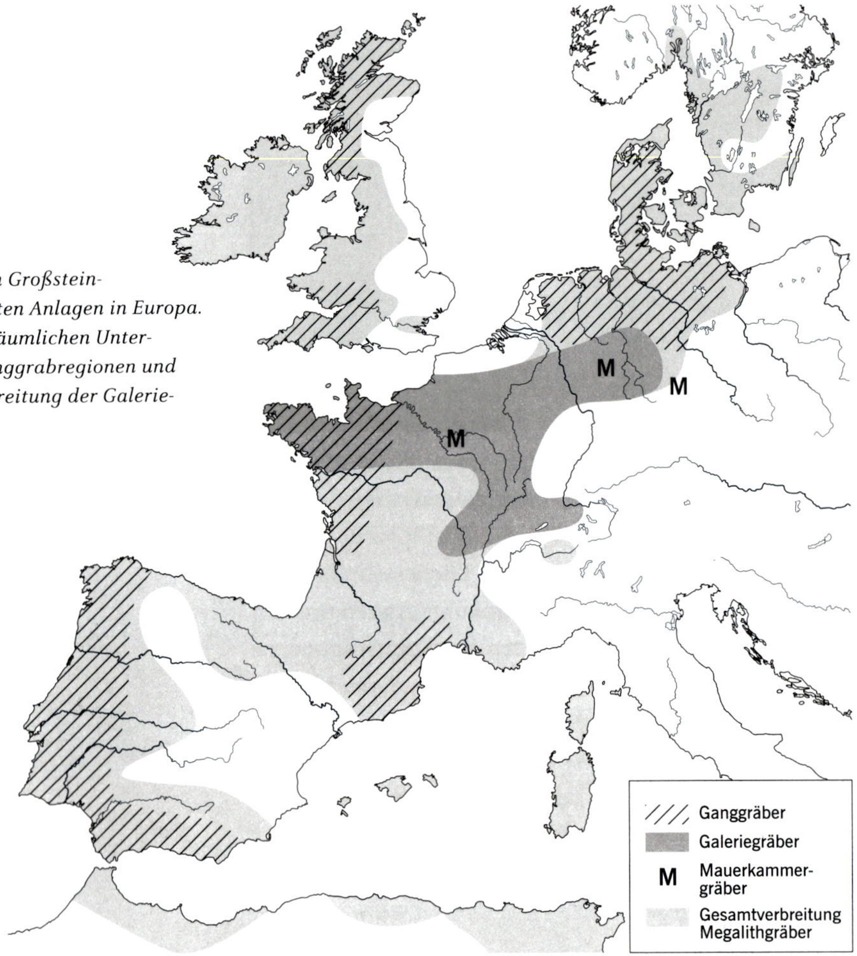


*1 Die Verbreitung von Großsteingräbern und verwandten Anlagen in Europa. Deutlich werden die räumlichen Unterschiede separater Ganggrabregionen und die kontinentale Verbreitung der Galeriegräber.*

## Altmärkische Megalithgräber als Teil der südskandinavisch-nordmitteleuropäischen Trichterbechergesellschaften

Die altmärkischen Großsteingräber – ob Dolmen oder Ganggräber – reihen sich ein in ein nordmitteleuropäisches und südskandinavisches Phänomen jungsteinzeitlicher Megalithanlagen. Im Norden schließen die weiten Gebiete Mecklenburg-Vorpommerns, der Unterelbe, schließlich der jütischen Halbinsel und der dänischen Inseln an. Hier erkennen wir das trichterbecherzeitliche Zentrum der Megalithik mit Urdolmen, erweiterten Dolmen und Ganggräbern, die altmärkischen Großsteingräber gehören zur südlichen Verbreitungsgrenze dieses neolithischen Innovationszentrums (Abb. 1).
Tausende von Megalithgräbern säumen noch heute Südskandinavien (Abb. 2). Aufgrund der Erfolge der naturwissenschaftlichen Datierungen und der Zuordnung zu bestimmten Siedlungslandschaften wissen wir, dass etwa

zwischen 3600/3500 und 3300/3100 v. Chr. die Mehrheit der genannten Gräber auf der jütischen Halbinsel entstand (Klassen 2001, 79 ff.). Wahrscheinlich 20.000–30.000 Großsteingräber wurden in einem Zeitraum von 300–400 Jahren dort errichtet, in den gleichen Zeitraum fallen reichhaltige Opferungen z.B. von zahlreichen Bernsteinartefakten in den Niederungen und Mooren oder aber auch Kupferimporte aus dem südostmitteleuropäischen Raum. Offensichtlich werden in der Nordgruppe der Trichterbechergemeinschaften gesellschaftliche Kräfte freigesetzt, die eine sonst kaum gekannte »Materialisierung« des agrarischen Mehrproduktes in diesen aufwändigen Grabanlagen oder aber in der absichtlichen Gütervernichtung bei Deponierungen verlangen. Was diesen Mechanismus bewirkte, wissen wir nicht. Zu erkennen ist eine gewisse typologische Sequenz der Anlagen. So sind es die kleinen, die Urdolmen, die zumeist nur aus vier Träger- und einem Deckstein bestehen, die am Anfang der südskandinavisch-nordmitteleuropäischen Entwicklung stehen und ab ca. 3500 v. Chr. errichtet werden (Abb. 3). Es folgen schließlich erweiterte Dolmen und ab 3400/3300 v. Chr. Ganggräber (vgl. Müller 2001, 189 Abb. 84). Interessanterweise überschreitet die Verbreitungsgrenze der Ganggräber die der Dolmen um einiges in Richtung Süden – auch dies ein Hinweis darauf, dass sich die Entwicklungen der nordischen Trichterbechergesellschaften Schritt für Schritt Richtung Süden verbreiten und dortige Gemeinschaften immer mehr bestimmen (vgl. Abb. 2).

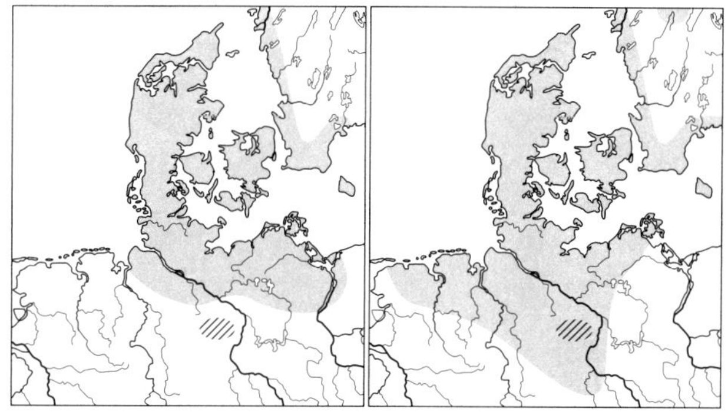

*2 Aus der Verbreitung von einfachen Dolmen (links) und Ganggräbern (rechts) wird deutlich, dass die Altmark eher am südlichen Rand der nordmitteleuropäisch-südskandinavischen Megalithgrabvorkommen liegt. Darüber hinaus zeigt sich, dass ältere (links) und jüngere Monumente (rechts) sich auch in ihrer Raumausdehnung unterscheiden.*

Gegen Ende der Errichtungsphase von nordischen Megalithgräbern können wir eigenständige Sonderentwicklungen beobachten: in der Trichterbecherwestgruppe entstehen ab 3100 v. Chr. besonders lange Grabkammern, im nördlichen Jütland und auf Seeland werden innovative Impulse der mittelneolithischen Entwicklung sichtbar in aufwändig konstruierten Ganggräbern mit Doppelgängen, Doppelkammern oder kreuzförmigen Grundrissen mit Extrakammern (Bakker 1979; Midgley 1992, 406 ff.). Auch in Sachsen-Anhalt erkennen wir eine Fortentwicklung hin zu einer Ausdehnung Richtung Südosten in den mitteldeutschen Raum. Hier finden wir nun Grabkammern vom sächsischen Typ mit trapezförmigen Grundrissen bis in die Gegend der Mulde (Fischer 1956, 192 ff.).

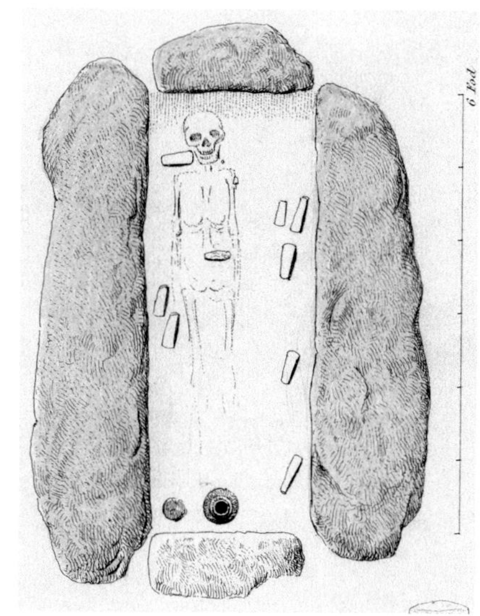

*3 Der »Urdolmen« von Bogö, Møenbo Herred (Dänemark) mit einer reich ausgestatteten Einzelbestattung.*

*4 Das Alter nichtmegalithischer Langhügel und von Megalithgräbern aufgrund von 14C-Datierungen.*

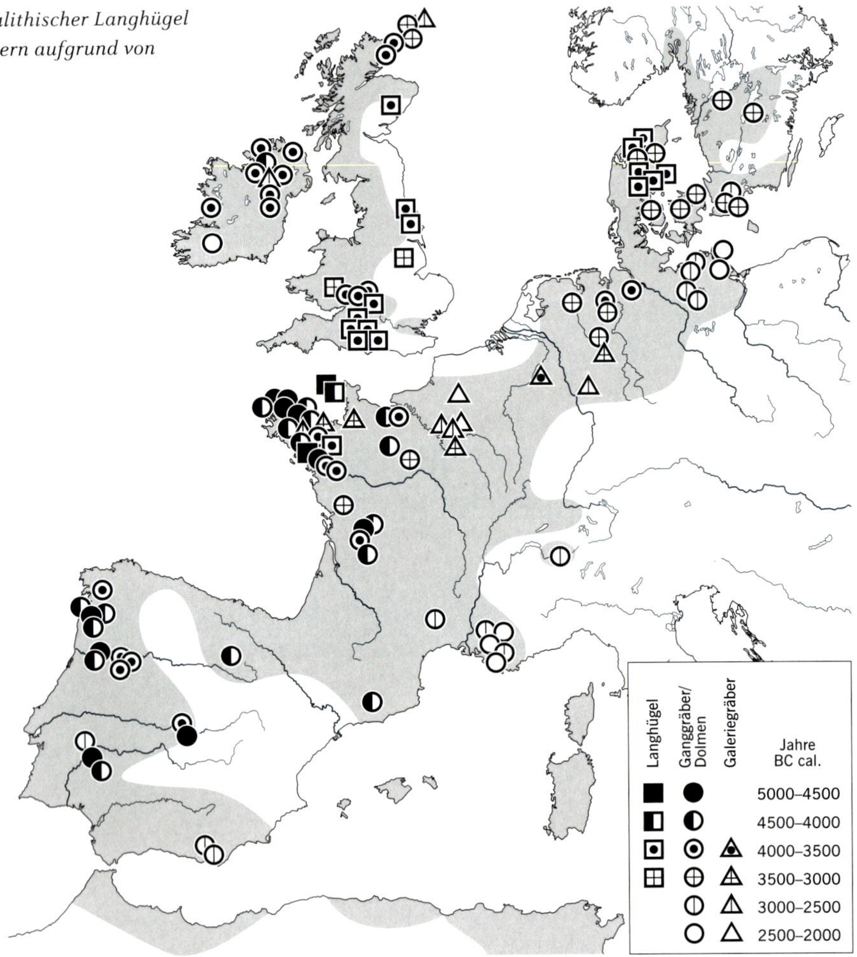


## Megalithgräber: eine europäische Erscheinung

Können wir so die altmärkischen Megalithgräber der nordmitteleuropäisch-südskandinavischen Verbreitung von Großsteinanlagen zuordnen, so ist das Vorhandensein derartiger Grabanlagen insgesamt ein europäisches, ja weltweites Phänomen.

Die Idee, große Steine als Trägersteine aufzustellen und weitere als Decksteine für eine Grabkammerkonstruktion zu benutzen, entwickelte sich an verschiedenen Plätzen der Welt zu unterschiedlichen Zeiten. So sind »Megalithen« (griech. mega: groß, lithos: Stein) nicht nur aus der europäischen Jungsteinzeit, sondern z. B. auch aus der südamerikanischen Eisenzeit, der pazifischen Neuzeit oder dem Madagaskar des 19. Jh. bekannt (Mohen 1989).

In Europa kennen wir – bei derzeitigem Forschungsstand – die ältesten Anlagen aus Nordwestfrankreich (Abb. 4). Dort, an der atlantischen Fassade, liegen aus der Normandie, der Bretagne und Westzentralfrankreich die ältesten 14C-Daten und die frühesten Keramikassoziationen für große Grabkammern mit megalithischen Steinkonstruktionen vor (Müller 1997). Zu nennen sind hier u. a. der Fundplatz Barnenez mit einem Trapezhügel, in dem sich mehrere Ganggräber mit polygonalen Gräbern befinden oder der Friedhof von Bougon, von dem wir rechteckige Ganggräber in Langhügeln kennen. Diese, wie andere Anlagen aus den genannten Regionen, datieren in die erste Hälfte des 5. vorchristlichen Jahrtausends. Tatsächlich sollte die armorikanische Region zu einem Zentrum der Entwicklung megalithischer Architektur werden: zwischen ca. 4800 und 3100 v. Chr. lassen sich hier immer wieder neue Grabtypen beobachten, die die eigenständige Dynamik dieser westeuropäischen Region dokumentieren. Die ältesten Großsteingräber Europas sind demnach bis zu 1000 Jahre älter als die ersten Dolmen im Bereich der Trichterbechergesellschaften.

Offensichtlich bedingten unterschiedliche Faktoren, dass oberirdische Monumente aus Stein gerade an der atlantischen Fassade recht früh auftreten. Wir können das Zusammentreffen dreier verschiedener »Lebensweisen« bzw. Ideologien dafür verantwortlich machen, dass die Prinzipien von Monumentalität, kollektiver Bestattungsweise und der Bauweise mit großen Blöcken sich in Nordwestfrankreich sehr früh entwickelten: Erstens dürfen wir für die ortsansässige mesolithische Bevölkerung aufgrund einiger weniger Gräberfunde u. a. bereits das Prinzip der Kollektivbestattung und das der Verwendung von Steinen beim Grabbau konstatieren. Zweitens entwickelte sich eine nichtmegalithische Monumentalität in Form von Langhügeln in den nachlinearbandkeramischen Gruppen des Pariser Beckens. Diese Tradition der oberirdischen Architektur erreicht mit der Ausdehnung der Landwirtschaft nach Westen Bretagne und Normandie. Drittens transferieren von Süden kommend andere agrarische Einflüsse, die in Verbindung mit dem mediterranen Frühneolithikum stehen, das Prinzip des Baus mit Steinen und das der Kollektivbestattungen Richtung Norden und damit nach Nordwestfrankreich.

Das Zusammentreffen dieser drei Komponenten bildet ein Milieu, aus dem heraus die nach Westen und Norden durch den Atlantik begrenzten Gruppen oberirdische Bauwerke benutzen, um eigene Territorien abzugrenzen und rituelle Zentren zu schaffen. Die Verbreitung der ältesten bretonischen Anlagen entlang der Küste ist in diesem Zusammenhang ein Hinweis darauf, dass eine küstenorientierte Kommunikation jetzt eine wichtige Rolle spielt (Scarre 1984; Scarre 1992).

Im Rahmen solcher Kontakte verbreitet sich das Phänomen nichtmegalithischer und megalithischer Monumentalbauten im Laufe mehrerer Jahrhunderte z. B. auf die Britischen Inseln. Etwa ab 4100 v. Chr. ist in Südengland mit ersten Monumentalbauten zu rechnen, ähnliches kann für Irland und Wales postuliert werden. Dort, wo größere Blöcke oberflächlich zur Verfügung stehen, werden »Portal Dolmen« und Ganggräber errichtet, dort wo diese fehlen, nichtmegalithische Langhügel. Bis etwa um 3500 v. Chr. hat sich das Phänomen der Megalith-

*5 Zahlreiche architektonische Unterschiede prägen die verschiedenen Großsteingrabregionen. Hier die Anlage von Point of Cott auf der orkadischen Insel Westray während der Ausgrabung mit einer Vorhoffassade und mächtigen Trägersteinen, die lateral die Grabkammer in einzelne Abschnitte teilen Foto: J. Müller 1985.*

anlagen bis weit in den Norden verbreitet: auf den Orkadischen Inseln, den Äußeren Hebriden und den Shetland-Inseln erkennen wir die nördlichsten Vorposten der megalithischen Erscheinung in den Weiten des Nordatlantiks (Abb. 5), allerdings unter klimatischen Bedingungen, die eine 2°C höhere Durchschnittstemperatur als heute besaßen und damit bessere Voraussetzungen für die agrarische Produktion boten.

Insgesamt bleibt festzustellen, dass auch auf den Britischen Inseln regionale und kleinregionale Besonderheiten abzulesen sind, wie wir sie bereits in den nordmitteleuropäisch-südskandinavischen Trichterbechergesellschaften in ganz anderer Ausprägung erkannt haben.

Zu nennen ist für Großbritannien und Irland insbesondere das Herausbilden ritueller Zentren mit einer Vielzahl unterschiedlicher Typen monumentaler Anlagen: Großsteingräber, Steinkreise, Holzkreise, Steinreihen, Cursus und einzelne Menhire bilden Areale, die sicherlich Zentren politischer und religiöser Macht waren – seien dies die vielfältigen Monumente im Bereich von Stonehenge, seien dies die Gruppen megalithischer und nichtmegalithischer Fundplätze im irischen Boynetal bei Newgrange oder seien das die Steinkreise im südwestlichen Mainland Orkneys (vgl. z. B. Cooney 2000; Richards 1990). Interessanterweise lassen sich diese Zentren neolithischer Innovationen, die alle ab ca. 3100 v. Chr. auftreten, durch überregionale Keramikformen miteinander verbinden: die neolithischen Gesellschaften standen offensichtlich über weite Entfernungen miteinander in engem Kontakt, um profane Neuerungen und rituelles Wissen miteinander auszutauschen.

Eine Besonderheit der britischen Entwicklung besteht darin, dass hier Megalithanlagen wesentlich länger errichtet werden als in den meisten anderen europäischen Regionen. So sind die irischen »Wedge-Tombs« ein Megalithgrabtyp der irischen Glockenbecher, so wird auch das megalithische Stonehenge erst 2500–2000 v. Chr. errichtet, so sind die meisten britischen Steinkreise eine bronzezeitliche Erscheinung.

Neben den britischen Megalithanlagen und den nordwestfranzösischen bzw. nordmitteleuropäisch-südskandinavischen gibt es Großsteinanlagen noch in zahlreichen anderen europäischen Regionen: an der atlantischen Fassade finden wir im Baskenland, Galizien und Portugal Megalithgrabregionen, aber auch in Andalusien, Katalonien, dem Languedoc und der Provence im mediterranen Raum. Entsprechende Gräber sind weiterhin bekannt von westmediterranen Inseln, Süditalien und dem west- und südalpinen Raum. In all diesen Regionen können wir eigenständige Entwicklungen feststellen, die darauf verweisen, dass die regionalen neolithischen Gesellschaften entsprechende Monumentalität zu ganz unterschiedlichen Zwecken einsetzten.

## Allées couvertes, Galeriegräber und Mauerkammergräber

Wichtig in diesem Zusammenhang ist für uns eine Entwicklung, die sich bis in den mitteldeutschen Raum und damit den Südrand der altmärkischen Megalithgrabverbreitung auswirkt: das Phänomen der Galerie- und Mauerkammergräber.
Wie bereits erwähnt, blicken wir in der Bretagne auf eine mehrere Jahrhunderte lange Entwicklung der Großsteingrabarchitektur zurück. Aus dem Bedürfnis nach einer Vergrößerung der Grabkammern entsteht hier um ca. 3500 v. Chr. eine Verschmelzung aus Kammer und axialem Gang, also einer verlängerten Kammer mit zusätzlichem Vorraum: die allée couverte bzw. das Galeriegrab. Diese Form der Galeriegräber, oft versehen mit einem »Seelenloch« als Zugang zwischen Vorraum und Grabkammer, findet sich im Rahmen einer eher kontinentalen Verbreitung ebenfalls im Pariser Becken und in östlicher Richtung bis in den ostwestfälisch-nordhessischen-südniedersächsischen Raum (vgl. Abb. 4). Gleichzeitig mit den Galeriegräbern, die zwischen 3500–3100 v. Chr. errichtet werden, entstanden im Pariser Becken und der deutschen Mittelgebirgszone, mit einem Schwerpunkt im Thüringischen und Nordharzgebiet, Holz- bzw. Mauerkammergräber (Raetzel-Fabian 2000, 199 ff; Müller 1994). Damit kehren wir zurück an den Südrand der Altmark: im Gegensatz zu den Großsteingrab-Traditionen der nordmitteleuropäisch-südskandinavischen Trichterbechergesellschaften ist südlich der Altmark eine Kollektivgrabsitte zu fassen, die eher Verbindungen zu westeuropäischen Entwicklungen aufweist.
Interessanterweise stimmt die Südgrenze der Großsteingrabverbreitung überein mit der anzunehmenden Grenze des Vorkommens von eiszeitlich antransportierten Findlingen, denn südlich davon lassen sich nur noch recht wenige Großsteingräber ausmachen bzw. treten im mitteldeutschen Raum die genannten Mauerkammergräber in Erscheinung (Heege/Heege 1989, 78 Abb. 58). Ob es sich damit beim architektonischen Unterschied zwischen Mauerkammergräbern und Großsteingräbern um einen handelt, der aufgrund des zur Verfügung stehenden Baumaterials zu Stande kommt, oder doch um einen kulturellen, muss beim derzeitigen Forschungsstand offen bleiben.

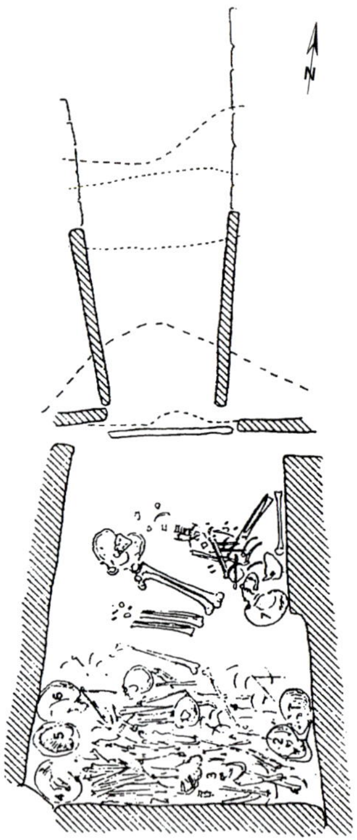


*6 Die Grabkammer von Lanhill, Südengland. Während acht ältere Bestattungen an die Stirnwand verlagert wurden, befindet sich im vorderen Teil der Kammer eine intakte Hockerbestattung.*

## Bestattungssitten in Megalithgräbern: Ganzkörper- oder Teilbestattungen; Individual- oder Kollektivbestattungen – europäische Analogien

Abgesehen von zahlreichen anderen Aspekten der europäischen Megalithgräber ist es vor allem die Frage der Bestattungssitte, die mangels entsprechender Befunde aus dem altmärkischen Raum für die Betrachtung der Großsteingräber hier von gewissem Interesse ist: Lässt sich z.B. eine mehr oder weniger einheitliche Bestattungssitte in anderen Regionen für megalithische Monumentalbauten erkennen, die wir per Analogieschluss auf die Altmark übertragen können?

Obwohl tausende von Großsteinanlagen heute bekannt sind, ist diese Frage nur schwer zu beantworten: Durch das große Interesse für die oberirdischen Monumente wurden sehr viele Megalithgräber bereits früh geplündert oder unsachgemäß gegraben. Darüber hinaus sind es insbesondere die nordmitteleuropäisch-südskandinavischen Anlagen, die aufgrund der Bodenverhältnisse keine oder eine nur mangelhafte Knochenerhaltung aufweisen. Falls diese gegraben wurden, liegen nur zum Teil Analysen der menschlichen Knochen vor. Umso interessanter, dass trotzdem eine Vielzahl von Vorstellungen zur Bestattungsweise in Großsteingräbern existiert: Auch in der wissenschaftlichen Literatur wird von Teilbestattungen, Sekundärbestattungen, Ossuarien etc. neben dem Einbringen von ganzen Leichen als Primärbestattungen in die Kammer gesprochen, obwohl nur etwa zwanzig anthropologische Analysen von zufrieden stellenden Grabungsbefunden europaweit vorliegen.

Insofern ist die gestellte Frage nicht eindeutig zu beantworten. Allerdings deuten die wenigen Untersuchungen darauf hin, dass Leichen als Ganzkörperbestattungen in die größeren Grabkammern gebracht wurden (Abb. 6). Hierfür sprechen die Knochenanalysen sowohl an den Skeletten der nordhessisch-ostwestfälischen Galeriegräber, aus Großsteingräbern der Trichterbecherwestgruppe oder aber auch aus den Mauerkammergräbern Südthüringens bzw. des Harzvorlandes (z. B. Günther / Viets 1992, 60 ff.). Dabei wurden manchmal über 200 Individuen in der Grabkammer deponiert, zumeist sind nur die jüngsten Bestattungen im Knochenverband gehockt oder als Rückenstrecker erhalten, während die älteren beiseite oder zusammengeräumt wurden. Einen ähnlichen Eindruck bieten Grabaufnahmen aus dem 19. Jh., z. B. durch A. P. Madsen (Madsen 1896; Madsen 1900). Die neueren anthropologischen Untersuchungen zeigen darüber hinaus, dass die oft nur noch zu geringen Teilen im Verband liegenden Knochenpartien durchaus dem entsprechen, was man bei natürlichen Dekompositionsprozessen des menschlichen Gesamtkörpers erwartet

(z. B. Grupe/Herrmann 1986). Am deutlichsten lässt sich der geschilderte Befund an einem südenglischen Kammergrab (Lanhill) verfolgen, bei dem im vorderen Teil vollständig erhaltene gehockte Bestattungen, im hinteren Teil bereits zusammen geräumte Skelette in der ungestörten Grabkammer ausgegraben wurden (vgl. Abb. 6). Das Durcheinander der menschlichen Knochen zahlreicher Kammern ist also keineswegs ein Hinweis auf Teil- oder Sekundärbestattungen: das Einbringen von Ganzkörperleichen dürfte die Regel in zugänglichen Kammern gewesen sein und einen Teil des Kollektivgrabgedankens darstellen. Beschreibt dies die Befundlage für den nordmitteleuropäisch-südskandinavischen Raum am besten, so gibt es in anderen Regionen Europas vereinzelt auch Hinweise auf Teilbestattungen: So werden Schädeldepots und fehlende Knochen bei Orkadischen Bestattungsverbänden dort im Sinne von Sekundärbestattungen interpretiert (Sharples 1985). Der kollektive Charakter der Bestattungen steht bei Ganggräbern und großen Dolmen außer Frage: Die Individualität wird im Tod aufgehoben, die Leiche geht ein in einen Bestattungsverband, in dem schon nach wenigen Generationen zumeist auch der individuelle Knochenverband aufgehoben ist. Interessanterweise verzeichnen wir aber bei den wenigen verwertbaren Befunden von einfachen Dolmen etwas anderes: z. B. liegt in Kloggehøj bei Boden auf Fünen eine Einzelbestattung als primäre Bestattungen vor (Abb. 7). Verschiedene ältere Dokumentationen aus Südskandinavien verweisen ebenfalls auf diese Möglichkeit (vgl. Abb. 3). Möglicherweise erfassen wir zumindest im Bereich der Trichterbechergesellschaften in den oberirdischen megalithischen Monumenten zwei Bestattungsformen: eine ältere mit Einzelbestattungen in einfachen Dolmen und eine jüngere mit Kollektivbestattungen in großen Dolmen oder Ganggräbern (neben denen sich weiterhin Einzelbestattungen in anderen Grabformen finden). Eine Individualisierung des Todes setzt dann erst wieder mit der Nachnutzung von Großsteingräbern ein. Zeugnis dafür ist u. a. eine Bestattung aus dem altmärkischen Leetze, Fpl. 1 (Altmarkkreis Salzwedel), die radiometrisch in die zweite Hälfte des dritten vorchristlichen Jahrhunderts datiert werden konnte (Müller 1999, 84).

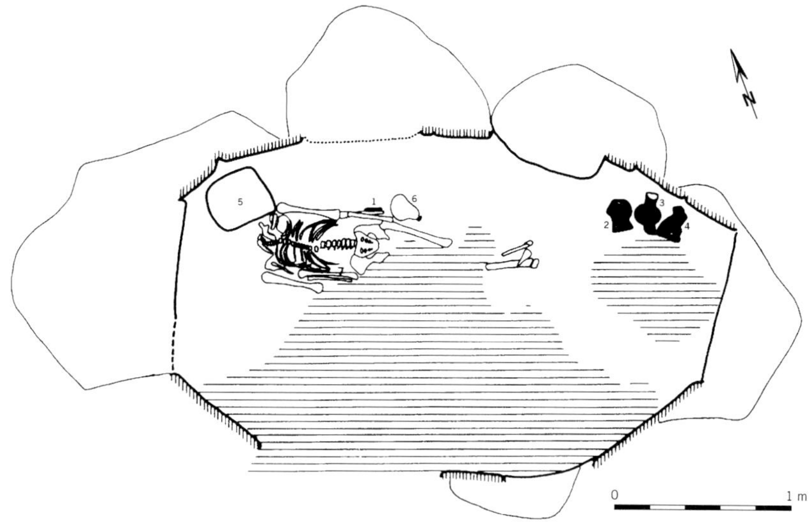


*7 Der Kloggehøj-Dolmen bei Bøden, Dänemark. Die Befundsituation verweist auf eine primäre Einzelbestattung der älteren Trichterbechergemeinschaften.*

# Die Großsteingräber der Altmark

Großsteinanlagen (Megalithgräber; Hünengräber) wurden von den unterschiedlichsten jungsteinzeitlichen Gesellschaften vor allem in West-, Mittel- und Nordeuropa errichtet. Die ältesten Großsteingräber finden sich in der Bretagne, der Normandie und Zentralwestfrankreich etwa ab 4700 v. Chr. Ebenfalls in das 5. vorchristliche Jahrtausend datieren verschiedene Megalithgräber der Iberischen Halbinsel. Dagegen stammen die Großsteinanlagen der südskandinavisch-norddeutschen Trichterbecherkulturen frühestens aus einer Zeit ab 3600 v. Chr. Somit ist davon auszugehen, dass auch in der Altmark erst ab etwa der Mitte des 4. vorchristlichen Jahrtausends Großsteinanlagen durch Trichterbechergemeinschaften errichtet werden (Mohen 1989; Müller 1997; Fritsch/Müller 2002).

## Beschreibung der Grabtypen

Nach dem Ende der Eiszeiten hinterließen die Gletscher in ganz Nordeuropa Sediment und Gesteinsschutt, darunter auch zahlreiche größere und kleinere Findlinge. Diese zumeist aus Granit, seltener aus Gneis, Quarzit oder Porphyr bestehenden, in aller Regel unbehauenen Steine bildeten die Grundlage für den Bau der zahlreichen Großsteinanlagen. Sie wurden sorgfältig nach Größe und Form ausgewählt.

Die Grabkammern der altmärkischen Megalithgräber wurden aus mächtigen Steinen errichtet, wobei große Wand- oder Trägersteine einen oder mehrere Decksteine tragen. Meistens stehen sich zwei Wandsteine gegenüber (Joch), oft ist aufgrund der unterschiedlichen Größe der Steine die Anzahl der Wandsteine – und damit der Joche – ungerade. Bei einigen Gräbern kann ein zur Grabkammer führender Gang beobachtet werden (sog. Ganggräber), weitere Gräber zeigen eine Art Zugang. Die Zwischenräume der Trägersteine wurden mit Trockenmauerwerk gefüllt, der Boden mit Steinplatten oder Rollsteinen gepflastert. In der Regel waren die Kammern von einem Langhügel bedeckt, dessen Umfassung (»Hünenbett«) aus mächtigen Steinblöcken gebildet wurde, während einige Gräber mit Rund- oder Ovalhügeln, z. T. ohne Steinumfassung, bedeckt waren.

Anhand der Kammergröße und der Art der Umfassung können vier altmärkische Grabtypen unterschieden werden (Abb. 1).

1. Relativ kleine Grabkammern, die offensichtlich nie eine Umfassung besaßen: Leetze Fpl. 1 und 7, Lüdelsen Fpl. 1, Immekath Fpl. 1. Möglicherweise gehören weitere Gräber aus Lüdelsen (Fpl. 3, 4 und 5) und Leetze (Fpl. 8) ebenfalls in diese Gruppe.

2. Mittelgroße Grabkammern mit rechteckiger Umfassung: Tangeln Fpl. 7, Leetze Fpl. 3, Bierstedt Fpl. 1, Bretsch Fpl. 1–3.

3. Große Grabkammern mit trapezförmiger, meistens großer Umfassung: Tangeln Fpl. 6, Bülitz Fpl. 1, Leetze Fpl. 5 und 6; Winterfeld Fpl. 1, Lüdelsen Fpl. 6, Steinfeld Fpl. 1, Drebenstedt Fpl. 2, Molmke Fpl. 1, Kläden Fpl. 1.

4. Mittelgroße Grabkammern mit ovaler oder doppelt ovaler Umfassung (auch die fraglichen Gräber wurden mit aufgeführt): Lüdelsen Fpl. 2, Lüge Fpl. 1, Leetze Fpl. 2, Diesdorf Fpl. 1, Hohenwulsch Fpl. 1, möglicherweise auch Leetze Fpl. 8. Die Umfassungen sind in der Regel kleiner als bei den rechteckigen oder trapezförmigen Gräbern.

| *Gräber ohne Umfassung* | *N* | *Minimum* | *Maximum* | *Mittel* | *Standardabweichung* |
|---|---|---|---|---|---|
| *Länge der Kammer innen* | 4 | 2,50 m | 4,40 m | 3,6000 m | 0,79582 |
| *größte Breite der Kammer innen* | 4 | 1,20 m | 1,60 m | 1,3750 m | 0,17078 |
| *Anzahl der Joche* | 4 | 2,5 | 4,0 | 3,250 | 0,6455 |

| *Gräber mit rechteckiger Umfassung* | *N* | *Minimum* | *Maximum* | *Mittel* | *Standardabweichung* |
|---|---|---|---|---|---|
| *Länge der Kammer innen* | 7 | 3,10 m | 6,80 m | 5,0857 m | 1,30183 |
| *größte Breite der Kammer innen* | 7 | 1,00 m | 2,50 m | 1,5714 m | 0,51870 |
| *Anzahl der Joche* | 7 | 2,0 | 5,0 | 3,6430 m | 1,02930 |
| *Länge des Hünenbettes* | 6 | 13,50 m | 32,00 m | 23,6167 m | 6,59861 |
| *größte Breite des Hünenbettes* | 7 | 5,20 m | 8,90 m | 7,1000 m | 1,08628 |

| *Gräber mit trapezförmiger Umfassung* | *N* | *Minimum* | *Maximum* | *Mittel* | *Standardabweichung* |
|---|---|---|---|---|---|
| *Länge der Kammer innen* | 11 | 5,00 m | 11,00 m | 7,8818 m | 1,71045 |
| *größte Breite der Kammer innen* | 11 | 1,50 m | 3,20 m | 2,1818 m | 0,68091 |
| *Anzahl der Joche* | 11 | 4,0 | 8,0 | 6,227 m | 1,2117 |
| *Länge des Hünenbettes* | 11 | 18,00 m | 54,00 m | 34,2545 m | 11,12046 |
| *größte Breite des Hünenbettes* | 11 | 6,40 m | 12,50 m | 8,11273 m | 1,80726 |

| *Gräber mit ovaler / doppelt ovaler Umfassung (auch fragliche Gräber)* | *N* | *Minimum* | *Maximum* | *Mittel* | *Standardabweichung* |
|---|---|---|---|---|---|
| *Länge der Kammer innen* | 6 | 3,50 m | 7,40 m | 5,0833 m | 1,60427 |
| *größte Breite der Kammer innen* | 7 | 1,20 m | 2,00 m | 1,5429 m | 0,25728 |
| *Anzahl der Joche* | 6 | 3,0 | 7,0 | 4,167 | 1,4720 |
| *Länge des Hünenbettes* | 4 | 12,50 m | 24,00 m | 17,4500 m | 5,51150 |
| *größte Breite des Hünenbettes* | 5 | 7,00 m | 19,30 m | 10,2200 m | 5,11341 |

*1 Länge / Breite der altmärkischen Grabkammern, bezogen auf den Typ der Umfassung.*

◇ *nicht erkennbar*
◆ *Umfassung vorhanden*
● *keine Umfassung*
■ *viereckig*
▬ *rechteckig*
▰ *trapezförmig*
○ *oval?*
⬬ *oval*
◎ *doppelt oval?*
◉ *doppelt oval*

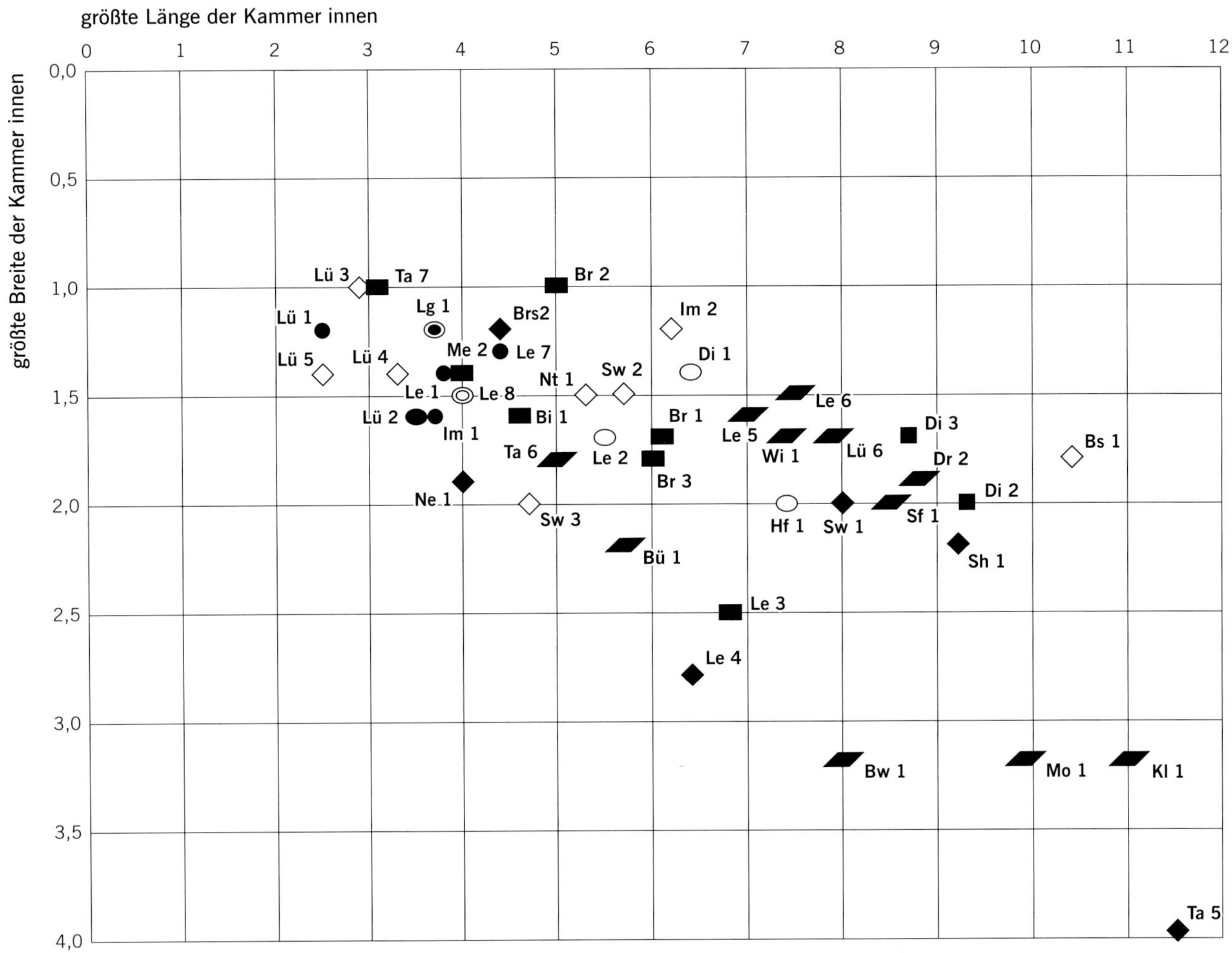

So genannte einfache Dolmen, Grabkammern mit nur einem Wandsteinpaar, fehlen in der Altmark. Man kennt erweiterte Dolmen mit 2 oder 2,5 Jochen (Tangeln Fpl. 7, Lüdelsen Fpl. 1); laut den Beschreibungen von Krause/Schoetensack und Danneil gab es 1843 noch mindestens 17 weitere solche Gräber. Am häufigsten überliefert sind Grabkammern mit mindestens drei Jochen (insgesamt 41 Gräber). Große Ganggräber, bei denen die Grabkammer über einen Gang an der Längsseite zugänglich war, finden sich in Stöckheim Fpl. 1, Leetze Fpl. 6, Winterfeld Fpl. 1, wahrscheinlich auch in Diesdorf Fpl. 2 und Lüdelsen Fpl. 6 (Länge der Umfassung bis 54 m). Monumentale megalithische Langhügel (Drebenstedt Fpl. 2, Steinfeld Fpl. 1, Leetze Fpl. 3, Molmke Fpl. 1, bis 47 m Länge) runden das Bild ab.

## Bauweise (Abb. 2)

Für die Beschreibung des Grabaufbaus können die Ergebnisse der Ausgrabungen von U. Fischer in den drei Leetzer Großsteingräbern Fpl. 1, Fpl. 4 und Fpl. 6 ausgewertet werden (Fischer 1939; Fischer 1956).

Bei Grab 1 handelt es sich um einen erweiterten Dolmen mit drei Wandsteinpaaren, zwei Giebelsteinen und ursprünglich drei Decksteinen. Der Boden der Kammer war mit Sandsteinplatten gepflastert, darüber folgte eine fettig-aschige Schicht und schließlich eine Lage Granitgrus. Reste einer Steinumfassung fehlten vollständig. Sowohl aus der fettig-aschigen Schicht als auch dem Bereich oberhalb der Granitporphyrschicht stammen Scherben, die der sogenannten Altmärkischen Tiefstichkeramik zugeordnet werden können. Die Reste eines Skelettes, das über dem Granitporphyr angetroffen wurde, gehört zu einer Bestattung, die aufgrund eines neuen Radiokarbondatums an das Ende der Jungsteinzeit zu stellen ist und 2400–2100 v. Chr., also ca. 1000 Jahre nach Errichtung des Grabes, niedergelegt wurde (Müller 1999, 84; Müller 2001).

Die Umfassung von Grab 4 war nicht mehr zu rekonstruieren. Die Kammer bestand ebenfalls aus drei Wandsteinpaaren, auf dem Boden befand sich ein Pflaster aus Sandsteinplatten und einer Schicht Granitgrus.

2 *Der Bau eines Großsteingrabes mit einfachen technischen Mitteln (Erdrampe, Baumstämme, Hebel, Seile). Grafik: Karol Schauer.*

Im Gegensatz zu Grab 1 handelt es sich bei Grab 6 um ein trapezförmiges Ganggrab innerhalb einer trapezförmigen Steinsetzung. Aus der mit Feldsteinen und darüber mit Granitgrus gepflasterten Kammer stammen Scherben unterschiedlichster Zeitstellung, darunter u. a. erneut Tiefstichscherben, aber auch Kugelamphorenkeramik, gleiches gilt für die Hügelschüttung. Aus dem Bereich am Eingang zum Gang liegen tiefstichkeramische Scherben vor.

Alle Gräber wurden ebenerdig errichtet, d. h. man beseitigte zunächst die Humusschicht und richtete darauf die Steine für die Kammer mit der glatten Seite nach innen auf. Die Wandsteine neigen sich leicht nach innen, wohl um den Schub der Decksteine abzufangen. Um eine glatte Auflage für die Decksteine zu erreichen, mussten ihre Spitzen in einer Ebene liegen, d. h. sie wurden zum einen sorgfältig ausgesucht, zum anderen unterschiedlich eingetieft und für eine bessere Standfestigkeit mit kleineren Steinen verkeilt. Mit Hilfe von Erdrampen und Baumstämmen rollte man die Decksteine auf die Tragsteine. Die glatten Seiten der Wand- und Decksteine zeigen nach innen.

Den Boden von Grabkammer (und Gang) bedeckte ein Pflaster aus flachen Feldsteinen oder plattigen Sandsteinen und Granitgrus. Trockenmauerwerk aus plattigen Steinen füllte die Zwischenräume zwischen den Wandsteinen bis hoch zu den Decksteinen, wobei die Schauseite nach innen zeigte. So entstand ein länglicher dunkler Raum, in Leetze Fpl. 6 mit einem entsprechend niedrigen Zugang.

Die Kammer umgab eine Umfassung aus großen Findlingen, deren Zwischenräume ebenfalls Trockenmauerwerk aus plattigen Steinen füllte. Die glatte Schauseite sowohl von den Steinen als auch vom Füllmaterial zeigte diesmal nach außen. Der Raum zwischen Kammer und Umfassungssteinen wurde sorgfältig mit Erde gefüllt und verdichtet (dabei gerieten auch einzelne Scherben mit in die Hügelschüttung), so entstand ein leicht gewölbter, von den Umfassungssteinen begrenzter länglicher Erddamm. Die Aufschüttung mit Erde reichte vermutlich bis zur Oberkante der Umfassungssteine. Das Dach der Kammer überragte nur wenig die Krone der Umfassungssteine, so dass bei geringer Dammböschung die Erde die ganze Kammer bedeckte, die Decksteine jedoch vermutlich sichtbar waren.

In Leetze Fpl. 6 glich die Anlage die Neigung des Geländes (insgesamt 1,70 m auf einer Länge von 38 m) in der Längsrichtung durch die wachsende Höhe von Bett und Umfassungssteinen aus, so dass diese am Bergende (Süden) sehr niedrig (0,50 m), am Talende im Norden dagegen von eindrücklicher Höhe waren (2,50 m). Wichtig war demnach ein waagerechter First der Anlage. Am Eingang des Ganges zur Kammer ließen die Erbauer eine Lücke frei.

## Datierung

Sucht man nach dem ältesten Vorkommen von Großsteinanlagen in einer bestimmten Region, so muss man sich dabei zumeist auf naturwissenschaftliche Altersbestimmungen, z. B. der Knochen der Erstbestatteten, verlassen. Leider ist dies in vielen Fällen nicht möglich: Großsteingräber zeichnen sich gerade dadurch aus, dass sie über einen Zugang für die Bestattung weiterer Toter in die Kammer oder andere Aktivitäten (Grabkult) zugänglich sind. Dies hat zu einer langen Nutzungsgeschichte der einzelnen Monumente geführt, u. a. können das Ausräumen alter Bestattungen und die Durchmischung der Schichten beobachtet werden. Darüber hinaus liegen zahlreiche Gräber, auch die der Altmark, in ungünstigen Mineralböden, so dass sich Knochen nicht erhielten.Trotzdem ist es gelungen, Aussagen zur zeitlichen Stellung bestimmter Megalithgrabtypen in einigen Trichterbecherregionen zu treffen (Bakker 1979; Bakker 1992). So dürften einfache Dolmen, die nur ein Wandsteinpaar aufweisen, zu den frühesten Anlagen gehören, während erweiterte Dolmen (mit zwei und mehr Jochen) und schließlich Ganggräber etwas später erschienen. Darüber hinaus dürften in der Tendenz längere Kammern jünger als kürzere sein. Die typologische Abfolge einfacher Dolmen – erweiterter Dolmen – kurzes Ganggrab – langes Ganggrab beschreibt jedoch nur ein allmähliches Hinzutreten neuer Bautypen, ohne dass

frühe Formen nicht auch in jüngeren Zeiten errichtet wurden. Aufgrund absolutchronologischer Daten ist die genannte Entwicklung im nordmitteleuropäisch-südskandinavischen Raum in eine Zeit zwischen 3500–2900 v. Chr. zu stellen. Danach wurden – zumindest in Deutschland – keine Megalithgräber mehr errichtet.
Für die Altmark sind große Ganggräber sowie monumentale megalithische Langhügel als auch erweiterte Dolmen bekannt, aber keine Dolmen mit nur einem Joch (Preuß 1980, 75 ff.). Falls dies nicht nur auf den derzeitigen Forschungsstand zurückzuführen ist, dürfte die Altmark eine spätere Stufe in der Megalithgrabarchitektur einnehmen.
Die einzigen wissenschaftlichen Grabungen altmärkischer Megalithgräber durch U. Fischer zeigten, dass die Errichtung der Großsteinanlagen mit der so genannten Altmärkischen Tiefstichkeramik zu verbinden ist, einer im Unterelbegebiet, dem Wendland, der Altmark und dem nördlichen Mittelelbe-Saale-Gebiet verbreiteten Regionalgruppe der Trichterbecherkeramik (Fischer 1956, 81 f.; Preuß 1980). Die Altmärkische Tiefstichkeramik wird typologisch in zwei Entwicklungsphasen getrennt, die nach den Fundorten Düsedau (früh) bzw. Haldensleben (spät) bezeichnet werden. In der Tendenz stammt Düsedauer Keramik eher aus erweiterten Dolmen, Haldenslebener Keramik eher aus Ganggräbern. Die Verzierungsmuster und Gefäßformen beider Phasen der Altmärkischen Tiefstichkeramik verweisen auf enge Bezüge zum südskandinavischen Neolithikum; die frühe Keramik vom Typ Düsedau besitzt allerdings auch Verbindungslinien zur mitteldeutschen Baalberger Keramik. Es ist davon auszugehen, dass sich die Sitte, Megalithanlagen in der Altmark zu errichten, aus einem überregionalen Kommunikationssystem entwickelte, das u. a. zwischen Dänemark und dem Mittelelbe-Saale-Gebiet bestand und zur Errichtung erster einfacher Dolmen im norddeutsch-südskandinavischen Raum, aber auch vereinzelter im Mittelelbe-Saale Gebiet (Baalberge-Schneiderberg) führte (Preuss 1980, 62 ff.; Müller 2001, 187 ff; Gall 2003).
Durch den Vergleich der Keramikfunde aus den altmärkischen Großsteinanlagen mit keramischen Gruppen, die absolutchronologisch bestimmt sind, ist es möglich, einzelne Anlagen indirekt zu datieren. Auch hier wird deutlich, dass die altmärkischen erweiterten Dolmen und Ganggräber etwa zwischen 3500–3000 v. Chr. errichtet wurden. Die Zeit der Megalithgräber endete spätestens um 2900 v. Chr. Kugelamphorenkeramik bezeugt Aktivitäten, die entweder noch gleichzeitig (z. B. in Leetze Fpl. 6) oder nach der Tiefstichphase an einigen Monumenten vorgenommen wurden (Fischer 1956, 159 f.; Beier 1988, 66 f.; Müller 2001, 187). Auch aus anderen prähistorischen Perioden kennt man das Niederbringen weiterer Skelett- oder Urnenbestattungen an bzw. in den weithin sichtbaren Monumenten (Wetzel 1966, 39), die

sicher zu jeder Zeit eine Funktion für benachbarte Siedlungen einnahmen oder zumindest die Phantasie der Menschen anregten. Es ist daher nicht verwunderlich, dass auch neuzeitliche Sagen die Bedeutung dieser Monumente in der Landschaft für die Menschen bezeugen.

## Rekonstruktion des Bestattungsritus (Leetze Fpl. 6) (Abb. 3)

Im Grab Leetze Fpl. 6 wurden aufgrund der schlechten Erhaltungsbedingungen keine menschlichen Knochen gefunden. Auch aus allen anderen »geöffneten«, untersuchten oder teiluntersuchten altmärkischen Großsteingräbern stammen sehr wenige Funde und Knochenmaterial. Allgemein ist damit zu rechnen, dass die Bauten zu ihrer Entstehungszeit entweder als Kollektivgräber oder als Beinhaus für eine größere Anzahl von Toten bestimmt waren. Dabei wurde überwiegend nicht verbrannt, d. h. die Körperbestattung herrschte vor. Von nachbestattenden Kulturen wurden die Großsteingräber auch als Einzelgräber genutzt (Leetze Fpl. 1).

Die folgende Darstellung beruht daher überwiegend auf (ungesicherten) Rekonstruktionen, die unter anderem anhand der Befunde von weiteren ausgegrabenen Großsteingräbern der Tiefstichkeramik bzw. Trichterbecherkultur entstanden. Diese fußen auf Analogien mit völkerkundlichen Beispielen (z.B. Fischer 1956, 68 ff.; Beier 1991, 191 ff.).

Nach dem Bau einer Anlage mussten vermutlich bestimmte Riten durchgeführt werden, um diese zu einem »Haus für die Toten« bzw. für die Ahnen werden zu lassen. Möglicherweise spielte Feuer dabei eine Rolle. Über den Gang, der jederzeit wieder durch eine Steinplatte verschlossen werden konnte, war die Grabkammer zugänglich. Wahrscheinlich wurden über mehrere Generationen die Toten der Verwandtschaftsgruppe/Großfamilie in dem Grab bestattet, wobei von Zeit zu Zeit die älteren Knochen beiseite geräumt werden mussten. Auch bei den Bestattungsriten spielte Feuer eine Rolle (schon weil die Grabkammern sehr dunkel waren). Selten wurden den Toten Beigaben mit auf ihre Reise in das Jenseits gegeben, dabei handelte es sich um Klingen aus Feuerstein, Steinbeile, Gefäße und Schmuck. Zeremonien mit Speise- und Trankopfern fanden sicherlich nur im bzw. vor dem Gang statt. Nach jeder Bestattung wurde der Gang wieder verschlossen. Am Ende der Belegung verfüllte man die Grabkammer und den Gang mit Sand; den Gang blockierte zusätzlich eine Steinplatte und weitere Steine.

*3 Trank- und Speiseopfer während einer Bestattung in einem Großsteingrab. Illustration: Karol Schauer.*

## Zur möglichen Orientierung der Großsteingräber
(»Wegekarten«)

Im »Wötz« am Nordhang des Heidberges befinden sich acht Großsteingräber, die sich auf über einem Kilometer Länge perlschnurartig aufreihen (Leetze Fpl. 1–8; Abb. Umschlaginnenseite und S. 91). Hinzu kommen noch sieben Großsteingräber auf der Wallstawer Gemarkung, die von J. F. Danneil (1843) beschrieben wurden und ebenfalls der genannten Ausrichtung folgten, bereits zu Ende des 19. Jh. aber nicht mehr vorhanden waren. Möglicherweise orientierten sich all diese Großsteinanlagen an der Richtung eines Weges, der in neolithischer Zeit durch die nordwestliche Altmark führte. Eine weitere Wegeführung kann z. B. für die Schadewohler/Diesdorfer Gräber (S. 66 und 141) angenommen werden.

## Bedeutung der Großsteingräber

Sicherlich gab es in verschiedenen Regionen unterschiedliche Ursachen und Bedeutungen für die oberirdischen Monumente. Wahrscheinlich wurden häufig die Toten von den Lebenden für einen bestimmten Zweck funktionalisiert, um z. B. Territorien bestimmter Gemeinschaften in neu erschlossenen Landschaften zu markieren oder aber um durch die kollektive Bestattungsweise aufkommende und schwer zu rechtfertigende soziale Unterschiede zu überspielen.
Aufgrund der geringen Grabungstätigkeit im Bereich der Großsteingräber fällt es derzeit schwer, für die altmärkischen Gräber eine eindeutige Antwort zu finden. Vermutlich orientierten sich die Siedlungen entlang der kleinen Wasserläufe, während die abseits davon gelegenen Megalithgräber eine eigene Welt der Toten darzustellen scheinen, die von der Sphäre der Lebenden getrennt war (Fritsch/Müller 2002, 70f.). Es bestand wohl das Bedürfnis, bei der hier mit der frühen Tiefstichkeramik und den Großsteingräbern zu verbindenden Neolithisierung der Altmark die Inbesitznahme der gesamten Landschaft zu dokumentieren und rituelle Bezugspunkte zu schaffen.

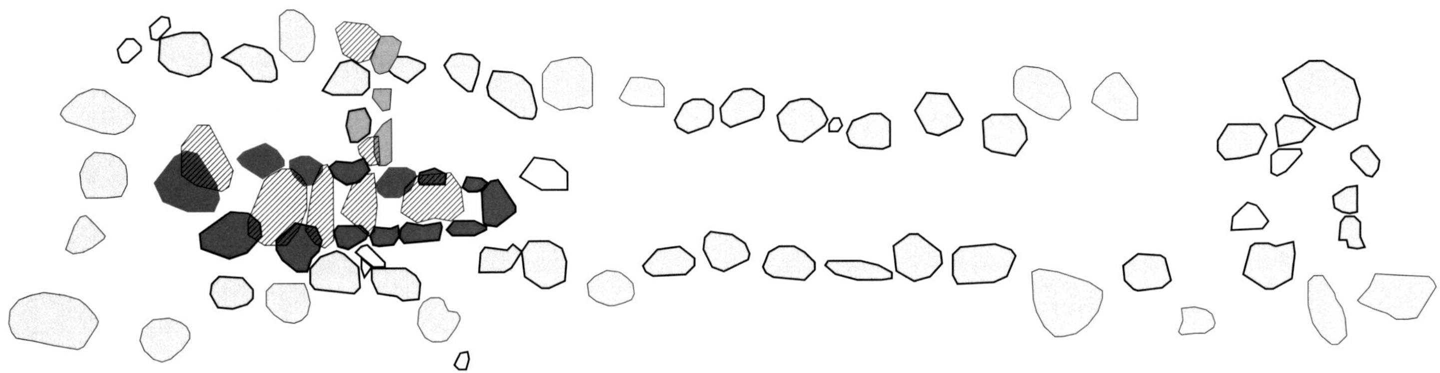

*Wandsteine der Grabkammer* ***original*** ***sekundär*** *Decksteine* ***original*** ***sekundär*** *Gangsteine* ***original*** ***sekundär***

*Umfassungssteine* ***original*** ***sekundär*** *Sonstige Steine*

HARTMUT BOCK
BARBARA FRITSCH
LOTHAR MITTAG

# Einzelbeschreibungen

*Lüdelsen Fpl. 6*

# Beesewege

*Fundplatz 1*

**1**

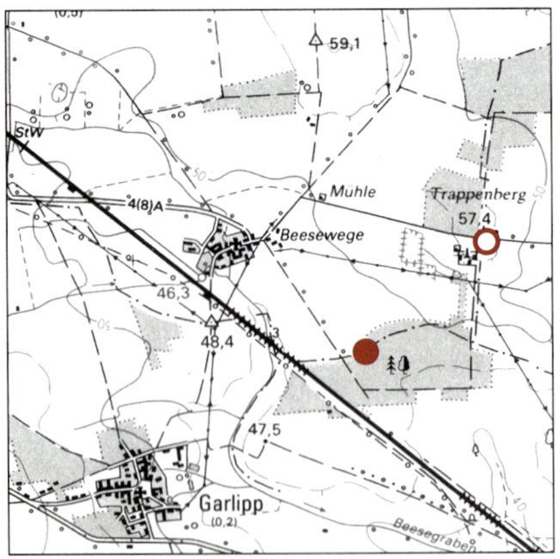


*Punkt: Lage des Großsteingrabes von Beesewege; Kreis: weiteres Grab.*

**LAGE**: ca. 800 m südöstlich von Beesewege am Waldrand, neben dem Fahrradweg nach Kläden in ebenem Gelände. Gut zugänglich.

**ERHALTUNG**: sehr schlecht; nur noch zwei Steine, die vermutlich zur Kammer gehören, und ein in drei Teile zerbrochener Stein der Umfassung sind vorhanden.

**REKONSTRUKTION**: J. Chr. Bekmann und B. L. Bekmann erwähnen ein »Helden- oder Heunen- und Steinbette« bei Beesewege, das »sich von Süden nach Norden erstrecket und aus 34 ansehnlichen grossen steinen annoch bestehet ...« (1751, 348). Noch in der ersten Hälfte des 19. Jahrhunderts war das Großsteingrab bis auf mehrere fehlende Decksteine gut erhalten. Die Länge der trapezförmigen Grabumfassung betrug damals 39,0 m, die Breite 8,2–12,5 m, ein imposanter Deckstein (3,2 m x 2,2 m) ruhte auf vier oder fünf Wandsteinen. Die Kammer selbst war wie die Umfassung wahrscheinlich West-Ost orientiert.

**HÜGEL**: noch erkennbar, zahlreiche Vertiefungen, die möglicherweise den Standort von fehlenden Kammersteinen anzeigen.

**TYP**: zerstörter Großdolmen mit fünf Wandsteinpaaren und trapezförmiger Umfassung.

*Das Großsteingrab von Beesewege Fpl. 1 in einer Abbildung von 1751.*

Nach 1870 wurde das Großsteingrab zum größten Teil zerstört. Die Steine dienten bei dem Bau einer Wegunterführung durch die entstehende Bahnstrecke Bremen – Berlin (»Amerikalinie«) als Verstärkung des Bahndammes. Sie sollen sich noch heute im Bahndamm befinden. An dieser Aktion war wohl das ganze Dorf Beesewege beteiligt (mündl. Auskunft R. Kersten, Beesewege).

Laut J. Chr. Bekmann und B. L. Bekmann lag in der Nähe ein weiteres ansehnliches Grab: »Ein gleichmäßiges und noch größeres Monument ist nicht weit davon in dem Wege nach der Universität Dorfe Garliep befindlich …« (1751, 348). Von diesem Grab fanden sich jedoch bereits 1843 keinerlei Spuren mehr.

(Bekmann / Bekmann 1751, 348, Taf. I,I | Danneil 1843, 94 Nr. 6 | Krause / Schoetensack 1893, 135 Nr. 7, Taf. VI,7 | Hossfeld / Haetge 1933, 17)

# Bierstedt

*Fundplatz 1*

## 2

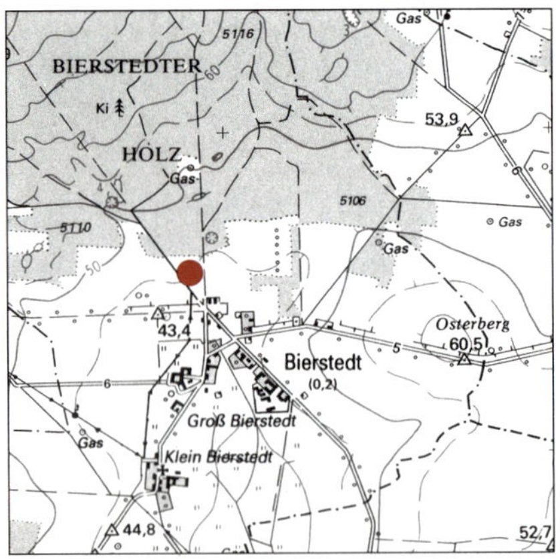


*Lage des Großsteingrabes von Bierstedt.*

**LAGE**: ca. 750 m nordwestlich vom Ortsteil Groß Bierstedt, westlich des Weges nach Hilmsen auf einem Acker an einem ganz sanft nach Südosten hin abfallenden Hang. Über einen Feldweg kommt man ziemlich nahe an das Grab heran, allerdings liegt das Grab abseits des Weges auf einem Acker.

**ERHALTUNG**: mittelmäßig; zwei Wand- und zwei Decksteine fehlen, ein Wandstein ist umgefallen. Die Umfassungssteine fehlen völlig.

**GRABUMFASSUNG**: zu Danneils Zeiten (1843) noch 23,0 m lang und 6,9 m breit; heute nicht mehr vorhanden.

**KAMMER**: West-Ost orientiert, Innenmaße: 4,6 m lang, 1,6 m breit; rechteckig; Höhe innen 0,8 m. Sechs von ursprünglich acht Wandsteinen und einer von drei Decksteinen sind erhalten. Der Deckstein liegt noch auf den Wandsteinen. Größe des Decksteins: 2,4 m x 2,3 m x 0,9 m.

**HÜGEL**: oval, West-Ost orientiert. Aufgrund der fehlenden Umfassungssteine ist der Hügel inzwischen breit geflossen. Länge 19,0 m, Breite 18,3 m, Höhe ca. 0,5 m.

**TYP**: Großdolmen mit drei Wandsteinpaaren und Umfassung.

Im Jahre 1741 berichtet der Pfarrer von Bombeck über »Ausgrabungen« in Großsteingräbern (und Hügelgräbern?) bei Bierstedt im Jahre 1728 (zitiert nach Bock 1991, 14f.): »Sonst finden sich in hiesiger Gegend und in Sonderheit in einem dem Herrn von dem Knesebeck zu Tilsen gehörigen und zwischen dihsen und Groß- und Klein Bierstedt gelegenen Holze verschiedene Hügel mit Stein Kreisen besetzet, in deren Mitte man die Ueberbleibsel von Heydnischen Altären, als große übereinander gelegte Steine antrifft, die von den Einwohnern Hünen oder Riesen-Bette, auch Wendische Kirchhöfe genannt werden. Der vormalige Landes-Hauptmann der Alten Mark, Herr Wilhelm Ludewig von dem Knesebeck ließ a. 1728 einiger solcher Hügel durchgraben und die Steine mit Winden und Hebe-Bäumen zurückbringen, oder in die Erde verstecken. Nun fand man zwar auf den Hügeln in den Stein Kreisen hin und wieder Scherben von einigen Schalen und Näpfen, die mit vielen Strichen künstlich gezieret waren: aber keine urnam, noch derselben Anzeige. Doch unter denen über einander liegenden Steinen, oder gewesten Altären fand sich in der Erden ein mit gebrannten Feuersteinen ausgesetzte kleine Höhle, von ohngefähr 2 1/2 Fuß in der Ründung. Diese war mit großen Knochen und Asche überall angefüllet und oben wieder mit gebrannten Feuersteinen beleget. Wie nun diese Knochen allem Umsehen nach, Menschen

*Das Großsteingrab von Bierstedt um 1890 bei der Aufnahme durch E. Krause und O. Schoetensack.*

Knochen waren, ist daraus zu schließen, dass diese monumenta auch Grab Hügel verstorbener Helden, oder vornehmer Herren unter den alten Deutschen seyn, zu deren Andenken man auf denen über ihren Gräbern erbaueten Altären, geopfert haben mag. Dergleichen mit Steinen besetzte Hügel trifft man in vielen Orten in den Heyden, zwischen den Aeckern und in den Hölzern in unserer Altmark an.«

Danneil erwähnt 1843 noch zwölf weitere Großsteingräber bei Bierstedt, die jedoch 1893 nicht mehr vorhanden waren. Welche dieser Gräber laut dem Bericht des Pfarrers »durchgraben« wurden und wohin die Funde verbracht wurden, ist nicht bekannt.

Folgende Sage erzählt man sich über die »Bierstedter Ilse«, möglicherweise ein Erklärungsversuch für das Großsteingrab: Auf einem Bauernhof in Groß Bierstedt diente vor vielen Jahren eine Magd namens Ilse. Trotz der Beschwörungen ihrer Mutter, einer armen Witwe, wurde sie sie vom ältesten Sohn des Bauern mit Hilfe eines falschen Eheversprechens verführt. Als die Folgen offensichtlich wurden, jagten die Bauern das Mädchen aus dem Haus. Ilse war jedoch so verzweifelt, dass sie sich erhängte. Die Bauernfamilie begrub sie nahe einer Quelle und wälzte drei große Steine auf ihr Grab. Der Bauernsohn wurde noch in derselben Nacht durch einen Unfall getötet, Ilse jedoch soll noch jahrelang als Geist an der Quelle gespukt haben.

(Danneil 1843, 108f. Nr. 84 | Krause / Schoetensack 1893, 151f. Nr. 121, Taf. VI,121; VII,121 | Bock 1991, 14f. | Pohlmann 1901, 27)

# Bornsen

*Fundplatz 1*

## 3

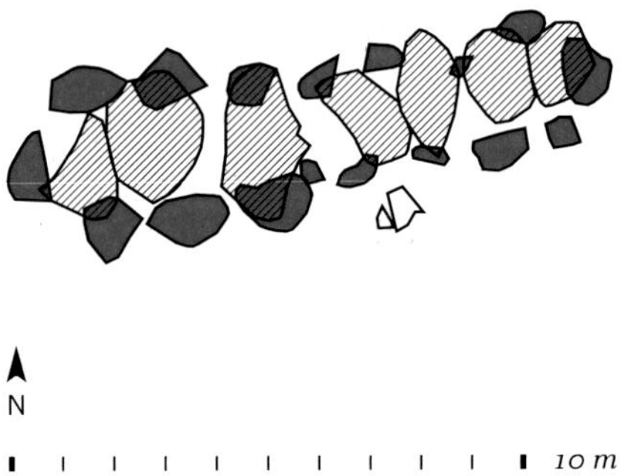


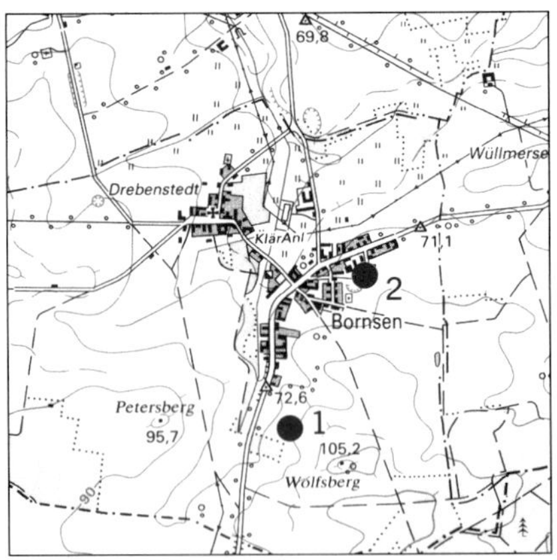


*Lage der Großsteingräber von Bornsen.*

*Das Großsteingrab von Bornsen Fpl. 1 um 1890 bei der Aufnahme durch E. Krause und O. Schoetensack.*

**LAGE**: 900 m südlich der Ortsmitte, ca. 200 m östlich der Straße nach Jübar am Nordwesthang des Wolfsberges. Nur über eine Brache und ein Feld zugänglich, kein Weg.

**ERHALTUNG**: gut erhaltene Steinkammer, Wand- und Decksteine sind vollständig und überwiegend in Originallage. Ob eine Umfassung vorhanden war, ist nicht erkennbar.

**GRABUMFASSUNG**: möglicherweise gehört ein außerhalb liegender Stein zu einer ehemals vorhandenen Umfassung. Zudem konnten durch geophysikalische Untersuchungen der Universität Bamberg (siehe Vorwort der Autoren, S. 11) Standspuren inzwischen verschwundener Umfassungssteine festgestellt werden.

**KAMMER**: Westsüdwest-Ostnordost orientiert, Innenmaße: 10,4 m lang, 1,8–1,5 m breit; trapezförmig. Alle 17 Wand- und sieben Decksteine erhalten. Maximale Decksteingröße: 3,0 m x 1,8 m x 1,2 m. Die drei westlichen Wand- und Decksteine sind deutlich größer als die vier östlichen: die Länge der Decksteine variiert zwischen 3,0 und 1,6 m.

**SCHÄLCHEN**: Der erste und größte Deckstein im Westen trägt auf seiner Oberfläche sehr viele runde flache Schälchen, die größeren mit einem Durchmesser von 4–6 cm und einer Tiefe von maximal 1,5 cm. Auf dem dritten Deckstein von Westen befindet sich eine länglich ovale künstliche Ausschabung (10 cm x 3 cm, 1,5 cm tief) und mindestens ein weiteres rundes flaches Schälchen (Dm. 4 cm) unterhalb des Grates.

**HÜGEL**: länglich; Höhe 0,6 m (im Süden) bis 1,5 m (im Norden).

**TYP**: Großdolmen mit sieben Wandsteinpaaren und vermutlich rechteckiger Umfassung.

*Das Großsteingrab von Bornsen Fpl. 1 um 1880.*

Dietrichs und Parisius erwähnen 1883 das Grab auf einem Hügel bei Bornsen: »Einen prächtigen Rundblick hat man auch von einem der Hünengräber, das frei von Gestrüpp und Tannenkusseln auf einem Hügel bei Bornsen liegt. Man schaut von dort über Wald und Feld, Wiese und Sumpf ...« (1883, 276 f.).

(Danneil 1843, 105 Nr. 59 | Dietrichs / Parisius 1883, Band 2, 276 f. | Krause / Schoetensack 1893, 148 Nr. 94, Taf. VI,94; VII,94; IX,94 | Kelch 2002, 459)

# Bornsen

*Fundplatz 2*

## 4

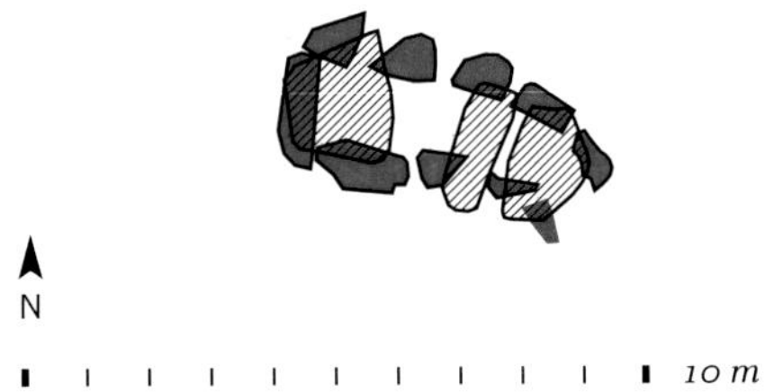

*Das Großsteingrab von Bornsen Fpl. 2 um 1890 bei der Aufnahme durch E. Krause und O. Schoetensack.*

**LAGE**: ca. 550 m nordöstlich der Ortsmitte von Bornsen, 110 m südlich der Straße nach Wülmersen an einem sanften Nordhang des Lüdelser Berges. Über einen Feldweg und einen Fußpfad durch ein Feld zugänglich.

**ERHALTUNG**: gut erhaltene Steinkammer mit einem kleinen Hügel; alle Wandsteine stehen aufrecht, zwei Decksteine sind eingesunken.

**GRABUMFASSUNG**: nicht erhalten. Geomagnetische Untersuchungen zeigen jedoch, dass ehemals eine Umfassung vorhanden war.

**KAMMER**: Ost-West orientiert, Innenmaße: 4,4 m lang, 1,1–1,2 m breit; rechteckig. Alle zehn Wandsteine und drei von ehemals wahrscheinlich vier Decksteinen sind erhalten. Maximale Decksteingröße: 2,1 m x 1,6 m x 0,4 m.

**SCHÄLCHEN**: Auf der Oberfläche des größeren westlichen Decksteines verteilt über 30 runde Schälchen (bis 4–6 cm Dm., 1,5 cm tief).

**HÜGEL**: oval.

**TYP**: Großdolmen mit vier Wandsteinpaaren.

(Danneil 1843, 105 Nr. 56 | Krause / Schoetensack 1893, 148 Nr. 91, Taf. VI,91; VII,91 | Kelch 2002, 459)

# Bretsch

*Fundplatz 1*

## 5

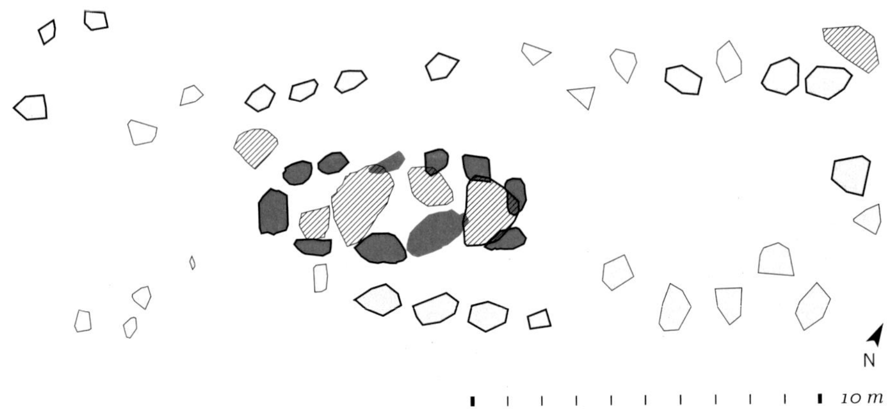


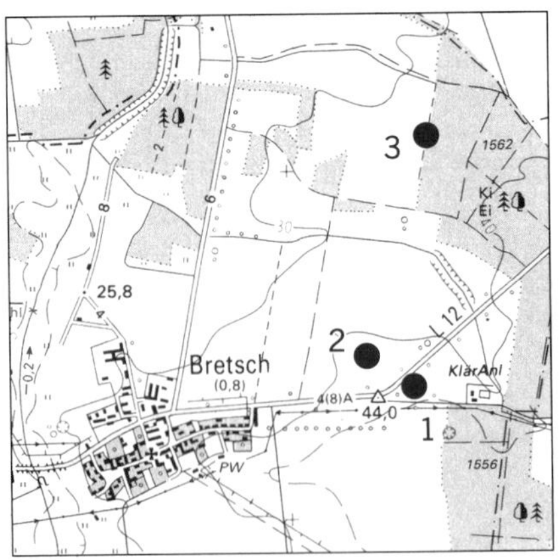


*Lage der Großsteingräber von Bretsch.*

**LAGE**: 1,0 km östlich von Bretsch, direkt an der Straße nach Drüsedau in flachem Gelände, daher gut zugänglich.

**ERHALTUNG**: mittelmäßig; mehrere Decksteine fehlen, die Umfassungssteine nur noch zum Teil in originaler Lage; Kammer stark gestört.

**GRABUMFASSUNG**: Nordost-Südwest orientiert. Außenmaße: 25 m lang, 7,5 m breit; wohl ehemals rechteckig. Mindestens 31 Steine sind erhalten.

**KAMMER**: Nordost-Südwest orientiert, Lage im zentralen Teil der Umfassung. Innenmaße: 6,1 m lang, 1,7 m breit; rechteckig. Elf Wandsteine und drei vollständige sowie Bruchstücke von zwei weiteren Decksteinen sind erhalten, einer davon zerbrochen, ein weiterer liegt nördlich der Umfassung. Maximale Decksteingröße: 2,7 m x 1,4 m x 0,9 m bzw. 2,0 m x 1,5 m x 1,0 m.

**SCHÄLCHEN**: Auf der Oberseite des außerhalb liegenden Decksteines befinden zwei deutlich sichtbare, unregelmäßig eingepickte Schälchen. Die Schälchen sind ca. 9 cm x 7 cm bzw. 7 cm x 5 cm groß und bis 4 cm tief. Auf dem nordöstlichen Deckstein eine künstliche Vertiefung; dabei handelt es sich um ein rundes zylinderförmiges, 1,5 cm tiefes Loch von 3 cm Durchmesser. Das gebohrte Loch (wohl für eine geplante Sprengung des Steins) befindet sich in einer 3 cm tiefen muldenartigen Vertiefung von ungefähr 12 x 16 cm Größe.

**HÜGEL**: vorhanden, allerdings stark auseinandergeflossen. Höhe ca. 1,0 m, Breite 14,8 m, Länge 37 m.

**TYP**: Großdolmen mit vier Wandsteinpaaren und wahrscheinlich rechteckiger Umfassung.

Aus dem Grab – innerhalb der Umfassung, jedoch außerhalb der Kammer – stammt möglicherweise ein Gefäß, das bereits vor 1838 »ausgegraben« wurde. Danneil schreibt dazu eine Meldung in den Katalog des Vereins (A I 37) (nach Niemann): »Ein Gefäß von großer Bedeu-

Das Großsteingrab von Bretsch Fpl. 1 um 1890 bei der Aufnahme durch E. Krause und O. Schoetensack.

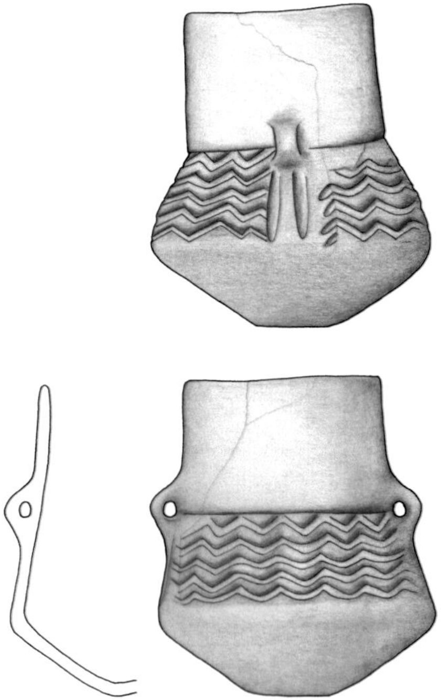

*Kleine Amphore mit Winkelbandverzierung und zwei Henkelösen.*

tung, von dem Inspector der v. d. Schulenburgschen Güter Priemern pp. Quallig aus dem Thüringer Berge in einem Hünenbett gegraben. Es stand in der Mitte desselben nahe bei der häufig in Gräbern der Art vorkommenden Grabkammer, dicht daneben lag ein Streitkeil. Gefüllt war es nur mit Sand. Hals 1 2/3 Z lang, gerade aufsteigend, Bauch mit weiten meist zickzackförmigen Furchen versehen, unten rasch sich verjüngend ..., ein kleiner Henkel, wahrscheinlich befand sich an der defekten Seite ein zweiter. Farbe fast schwarz. Urgermanisch.« Im 1. Jahresbericht des Altmärkischen Vereins äußert sich Danneil später folgendermaßen: »Ein sehr interessantes Gefäß aus einem Hünenbette auf dem Thüringer Berge bei Bretsch gefunden und geschenkt von demselben (Landrat Freiherr von der Schulenburg – Verf.). Es ist wenig bauchig und mit gerade aufsteigendem Halse und mit Zickzacklinien am Bauche, die breit und tief furchenartig den ganzen Bauchtheil einnehmen. Aus einer harten, fast steinartigen, wedgewoodartigen Masse. Dies Gefäß ist um so wichtiger, weil selten etwas anders als Scherben aus den Hünengräbern gewonnen werden. Ein Theil des Halses fehlt.« (1838, 46).

Den heute nicht mehr identifizierbaren »Streitkeil« erwähnt Danneil nun nicht mehr. Allerdings befinden sich in der Sammlung des J. F. Danneil-Museums Salzwedel heute sieben Feuersteinbeile sowie ein schuhleistenförmiger geschliffener Felsgesteinmeißel, die laut Kartei alle aus Bretscher Hünengräbern stammen sollen.

In seinen späteren Beschreibungen der Gräber erwähnt Danneil (1843) weder das Gefäß noch den Fundplatz »Thüringer Berg«, so dass sich die Herkunft der Amphore nicht mehr mit letzter Sicherheit bestimmen lässt. Das ursprünglich zweihenklige, mit eingeschnittenen breiten Winkellinien auf der Schulter verzierte Gefäß kann der jüngeren Gruppe der altmärkischen Tiefstichkeramik zugeordnet werden.

(Danneil 1838, 46 Taf. 2 Fig. 6 | Danneil 1843, 96 Nr. 14 | Krause / Schoetensack 1893, 139f. Nr. 35, Taf. VI,35; VII,35; XII,35 | Haetge 1938, 71 Abb. 21 Taf. 25 | Niklasson 1925, 1 Abb. 1 | Preuß 1980, 102f., Taf. 5,35 | Lüth 1997, 31f. | Kelch 2002, 462)

# Bretsch

*Fundplatz 2*

## 6

**LAGE**: 1,0 km nordöstlich von Bretsch, 250 m nördlich der Straße nach Drüsedau in einem Acker; auf einer kleinen Anhöhe, die nach Nordwesten zu einer Niederung hin abfällt. Es führt kein Weg zum Grab.

**ERHALTUNG**: gut.

**GRABUMFASSUNG**: Nordnordost-Südsüdwest orientiert. Außenmaße: 13,5 m lang, ca. 7,0 m breit, rechteckig. 23 Umfassungssteine erhalten.

**KAMMER**: Nordnordost-Südsüdwest orientiert, Lage im zentralen Teil der Umfassung. Innenmaße: mind. 5,0 m lang, 1,0 m breit; rechteckig; Höhe der Kammer innen noch 0,6 m. Acht von ehemals zehn Wandsteinen und alle vier Decksteine sind vollständig oder fragmentarisch erhalten. Zwei Decksteine liegen auf den Kammersteinen auf; nördlich der Kammer befindet sich ein verschleppter eingesunkener Deckstein. Größe der Decksteine: 1,9 m x 1,6 m x 0,7 m bzw. 1,9 m x 1,0 m x 0,7 m.

**SCHÄLCHEN**: Auf dem südlichen Deckstein vier runde flache, bis 1 cm tiefe Schälchen (Dm. 3–5 cm); auf der Oberfläche des außerhalb liegenden Decksteins mindestens acht runde, sehr flache, bis 0,5 cm tiefe Schälchen (Dm. 4–6 cm).

**HÜGEL**: oval, ca. 60 cm hoch, 25 m lang, 16 m breit.

**TYP**: Großdolmen mit vier Wandsteinpaaren und rechteckiger Umfassung.

Aus dem im Volksmund »Dornröschengrab« genannten Monument und seiner unmittelbaren Umgebung stammen neben verschiedenen bronze- und eisenzeitlichen Scherben auch Feuersteinartefakte und einige Keramikfragmente, die der Jungsteinzeit zugeordnet werden können.

(Danneil 1843, 96 Nr. 15 | Krause / Schoetensack 1893, 140f. Nr. 36, Taf. VI,36; VII,36 | Haetge 1938, 71 | Kelch 2002, 462)

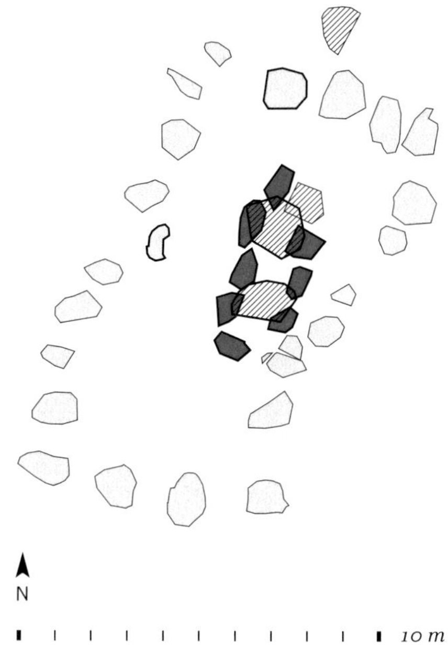

*Das Großsteingrab von Bretsch Fpl. 2 um 1890 bei der Aufnahme durch E. Krause und O. Schoetensack.*

# Bretsch

*Fundplatz 3*

## 7

**LAGE**: 2,0 km nordöstlich von Bretsch in der Gemarkung »Im Steinbusch«; 1,0 km nordwestlich der Straße nach Drüsedau nahe des Waldrandes in flachem Gelände, über Waldwege zugänglich.

**ERHALTUNG**: gut; wenige Steine fehlen oder sind gesprengt.

**GRABUMFASSUNG**: Nordost-Südwest orientiert. Außenmaße: 32,0 m lang, 7,0 m breit; rechteckig. Einige Steine sind gesprengt. Insgesamt noch 38 Umfassungssteine, acht davon aufrecht. Ein etwas außerhalb der Umfassung im Osten liegender größerer Stein (2,5 m x 2,5 m x 0,8 m) könnte als umgestürzter »Wächter« interpretiert werden; wahrscheinlicher aber ist, dass es sich um einen hierher verschleppten Kammerdeckstein handelt. Dafür spricht die Lage der Schälchen, die sich auf seiner sichtbaren Längsseite befinden. Bei dem zweiten daneben liegenden großen Stein (2,3 m x 1,3 m x mind. 0,5 m) handelt es sich wahrscheinlich ebenfalls um einen verschleppten Deckstein.

**KAMMER**: Nordost-Südwest orientiert, Lage im zentralen Teil der Umfassung. Innenmaße: 6,0 m lang, 1,8–1,5 m breit; trapezförmig; Höhe der Kammer innen 0,9 m. Alle zwölf Wandsteine sind erhalten und stehen aufrecht; ein vollständiger (2,7 m x mind. 1,0 m x 0,9 m) und ein fragmentarisch erhaltener von ehemals fünf (?) Decksteinen liegen noch auf oder sind in die Kammer gefallen.

**SCHÄLCHEN**: Auf dem verschleppten Deckstein nordöstlich der Umfassung mindestens 27 runde, bis 1 cm tiefe Schälchen (Dm. 3–6 cm). Eine Seite (früher die nach oben weisende Fläche) des vollständigen Decksteins trägt acht runde flache Schälchen (Dm. 4–5 cm). Ein 5 cm messendes Schälchen ist 2,5 cm tief.

**HÜGEL**: länglich; Höhe 0,7 m, Breite 13,0 m, Länge 37 m.

**TYP**: Großdolmen mit fünf Wandsteinpaaren und rechteckiger Umfassung.

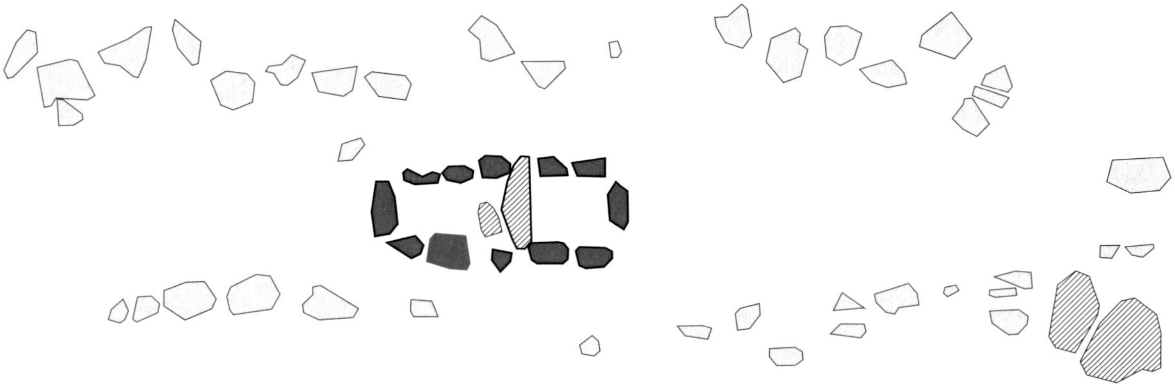

Nach Angaben von Danneil führte hier der 1717 in Stendal geborene »Vater der Klassischen Archäologie« Johann Joachim Winckelmann die ersten Untersuchungen während seiner Zeit als Konrektor in Seehausen (1743–1748) durch; über mögliche schriftliche Unterlagen oder Funde ist jedoch nichts bekannt. Eine weitere Ausgrabung fand vom 18.–21.9.1936 unter der Leitung von Franz Niquet statt, da »der Landrat des Kreises Osterburg ... die Absicht (hatte), für das Heimatmuseum des Kreises Osterburg das Hünengrab im Steinbusch in Öl malen zu lassen. Vorher sollte die Kammer, soweit möglich, in ihrem ursprünglichen Zustand wiederhergestellt werden und ein riesiger Deckstein von etwa 100 Zentner Gewicht, der in die Kammer abgerutscht war, sollte in seine ursprüngliche Lage gebracht werden«. Dieses Ziel konnte nicht erreicht werden, da sich im Laufe der Untersuchung herausstellte, »dass eine Wiederherstellung der Grabkammern nicht möglich sei, ohne den gegenwärtigen Zustand der Kammer weitgehend zu verändern. Außerdem konnte Herr Baumeister Hinze-Osterburg, der die technischen Arbeiten übernehmen wollte, keine Gewähr dafür leisten, dass die Kammer nach ihrer Wiederherstellung nicht nach kürzerer Zeit

*Das Großsteingrab von Bretsch Fpl. 3 um 1890 bei der Aufnahme durch E. Krause und O. Schoetensack.*

schon vollkommen zusammenstürzen würde.« (Grabungsbericht F. Niquet 1937). Da der südwestliche Kammerteil stark gestört war (durch die Grabungen Winckelmanns?), wurde nur der nordöstliche Teil der Kammer näher untersucht. Die Wand- und Decksteine zeigen fast alle eine besonders glatte Innen- bzw. Unterseite, die beiden Steine an der Schmalseite auch eine ebene Oberseite. Der Raum zwischen den Wandsteinen wurde durch kleinere Steine und Steinplatten ausgefüllt. Beim Ausräumen des nördlichen Kammerteils stieß Niquet unter dem oberen lockeren Sand auf eine betonharte Schicht mit einzelnen Scherben, darunter befand sich eine Lage aus kantig zerschlagenen kleinen Granitsteinen und -grus, darunter wiederum eine dunkle poröse Masse vermischt mit einigen Kohle- und gebrannten Knochenstückchen und ein Scherbenpflaster. Er stellte fest, dass das Scherbenpflaster im Nordteil der Kammer unter die Wandsteine zieht, also wohl vor dem Bau der Kammer entstand. Die wenigen verzierten Scherben und Feuersteingeräte können der Tiefstichkeramik und der Schönfelder Kultur zugeordnet werden. Bei den Schönfelder Scherben handelt es sich vermutlich um Beigaben einer Nachbestattung.

In der Umgebung des Grabes befinden sich im Wald mittelalterliche Wölbäcker, die das Grab unberührt lassen.

(Danneil 1843, 96f. Nr. 16 | Krause / Schoetensack 1893, 141 Nr. 37, Taf. VI,37; VII,37 | Haetge 1938, 263f. | Wetzel 1979, 122 | Preuß 1980, 103, Taf. 5,31–34 | Kelch 2002, 462)

# Bülitz

*Fundplatz 1*

## 8

**LAGE**: ca. 900 m westlich von Bülitz bei der ehemaligen Ziegelei auf einer leichten Anhöhe, dem »Großen Trappenberg«, direkt an der Gemarkungsgrenze zu Beesewege. Nur wenige Meter von einem vorbeiführenden Weg entfernt, daher gut zugänglich.

**ERHALTUNG**: gut. Mindestens zwei Decksteine und die meisten Umfassungssteine fehlen, die vorhandenen Steine stehen jedoch alle aufrecht. Der Deckstein und ein Wandstein sind gesprungen.

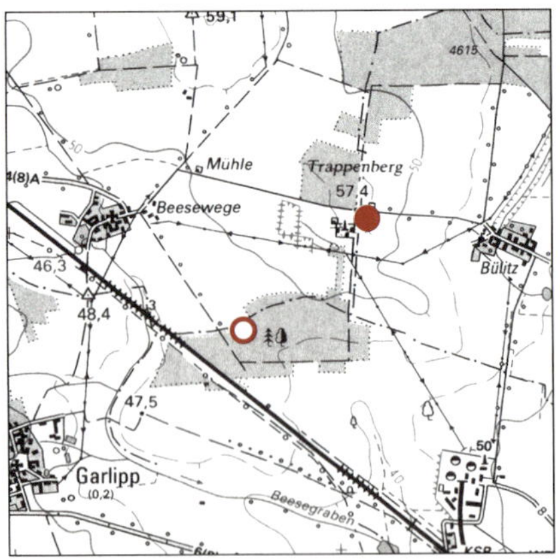


*Punkt: Lage des Großsteingrabes Bülitz Fpl. 1; Kreis: weiteres Grab.*

*Das Großsteingrab von Bülitz um 1890 bei der Aufnahme durch E. Krause und O. Schoetensack.*

**GRABUMFASSUNG**: zu Danneils Zeiten noch sehr gut erhalten mit einer Länge von 26,7 m und einer Breite von 8,8 m bzw. 10,0 m, also wohl trapezförmig, mit besonders großen Ecksteinen (»Wächtern«). Davon sind nur noch sechs Umfassungssteine vorhanden. Heutige Breite außen: 9,4 m.

**KAMMER**: Nordost-Südwest orientiert, Innenmaße: 5,7 m lang, 2,2–1,7 m breit; trapezförmig; Höhe der Kammer innen 0,7 m. Zwölf Wandsteine und einer von ehemals wahrscheinlich drei Decksteinen sind erhalten. Größe des Decksteins: 3,5 m x 2,7 m x 1,3 m.

**HÜGEL**: nur noch zwischen den verbliebenen Umfassungssteinen in einer Höhe von 0,9 m erhalten.

**TYP**: Großdolmen mit fünf Wandsteinpaaren und trapezförmiger Umfassung.

An der Nordostseite des Grabes lehnt eine große Sandsteinplatte mit einer inzwischen verwaschenen Inschrift. Dabei handelt es sich um eine bereits 1893 von Krause und Schoetensack erwähnte Tafel des Domherren von Levetzow, der dieses Grab, um es vor seiner Zerstörung zu retten, angekauft hatte. Die Inschrift lautete: »Hünengrab aus 21 Steinen – möge auch zu fernen Zeiten erhalten bleiben. – Es gehört dem Besitzer von Kläden und Darnewitz – weiland Herrn C. L. W. A. Theodosius von Levetzow – gestorben den 29. Januar 1861 – Römer XV. v. 12.« (vgl. Kläden Fundplatz 1, S. 88)

(Danneil 1843, 94 Nr. 4 | Krause / Schoetensack 1893, 134 Nr. 5, Taf. VI,5; VII,5, IX,5 | Hossfeld / Haetge 1933, 45–47 Abb. 29 Taf. 36b)

# Diesdorf

*Fundplatz 1*

## 9

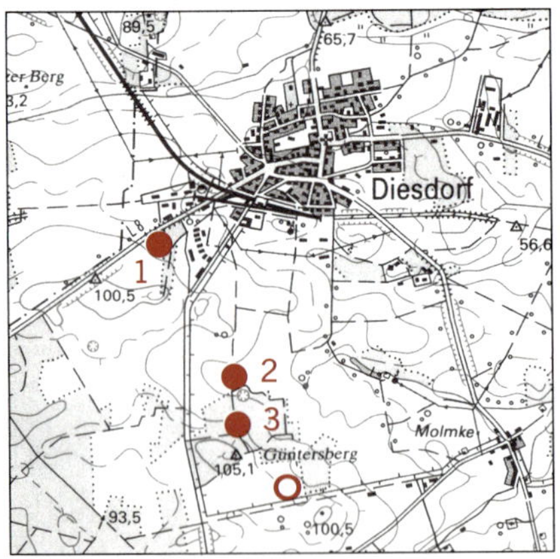


*Punkte: Lage der Großsteingräber von Diesdorf; Kreis: weiteres Grab.*

**LAGE**: 900 m südwestlich von der Ortsmitte Diesdorf, 100 m südlich der Straße nach Wittingen auf einer Wiese am Nordhang des Galgenberges. Über einen Feldweg vom Parkplatz (mit Hinweisschildern) zugänglich.

**ERHALTUNG**: mittelmäßig; Decksteine eingesunken, ein Wandstein geborsten, die meisten Wandsteine sind umgestürzt. Umfassungssteine nur noch z. T. erhalten bzw. umgefallen.

**GRABUMFASSUNG**: Nordwest-Südost orientiert. Sieben Umfassungssteine sind erhalten. Die Umfassung scheint oval gewesen zu sein. Außenmaße: 7,8 m breit.

**KAMMER**: Nordwest-Südost orientiert. Innenmaße: 6,4 m lang, 1,4 m breit; rechteckig. Neun Wandsteine und vier von ehemals wahrscheinlich vier oder fünf Decksteinen sind erhalten. Maximale Decksteingröße: 3,1 m x 1,4 m.

**SCHÄLCHEN**: Auf dem größten, aufliegenden Deckstein drei runde, gut erkennbare Schälchen in einer Reihe, 1,5–2 cm tief, mit einem Durchmesser von 5–6 cm.

**HÜGEL**: oval, Höhe maximal ca. 1,5 m.

**TYP**: Großdolmen mit vier Wandsteinpaaren und wahrscheinlich ovaler Umfassung.

Krause und Schoetensack fanden »beim oberflächlichen Durchsuchen des Bodens« um 1890 einen kurzen grauen Feuersteinmeißel. In der Nähe dieses Grabes wurden in der Vergangenheit mindestens fünf weitere Steinge-

*Das Großsteingrab von Diesdorf Fpl. 1 um 1890 bei der Aufnahme durch E. Krause und O. Schoetensack.*

räte gefunden, darunter zwei »Streitäxte«, eine Felsgesteinhacke sowie zwei Feuersteinbeile. Die zwei Beile – eines davon stammt vom Acker direkt neben dem Grab – sowie eine Axt (A-Axt) befinden sich im Danneil-Museum Salzwedel.

In einer Sage werden auch die Diesdorfer Großsteingräber erwähnt: »In der Nähe des ehemaligen Klosters Diesdorf sind uralte Hünengräber. Die Sage weiß, dass in einem derselben ein Riesenkönig ruht, dem man unermessliche Schätze ins Grab gelegt hat. Gar viele haben schon nach diesen gegraben, doch noch keinem gelang es, sie zu finden.« (Sturm). In der Nähe befand sich eine große, trichterförmige Vertiefung mit Wall und Graben namens »Röverkule« (Räuberkuhle). Mit Holz, Reisig und Tannengrün bedeckt dienten sie Räubern als Versteck, von dem aus sie arglosen Reisenden und Wanderern auflauerten. Möglicherweise sind mit den Räuberkuhlen die Diesdorfer Großsteingräber gemeint, deren Ursprung man sich auf diese Art zu erklären versuchte. Vielleicht waren die Gräber zur Entstehungszeit der Sage noch mit Erde bedeckt, und es gab einen offenen Zugang zur eigentlichen Grabkammer (»Räuberhöhle«).

(Krause / Schoetensack 1893, 145f. Nr. 70, Taf. VI,70; VII,70; XI,70 | Kelch 2002, 459 | Lehrerverband 1908, 250 | Sturm o.J., 28)

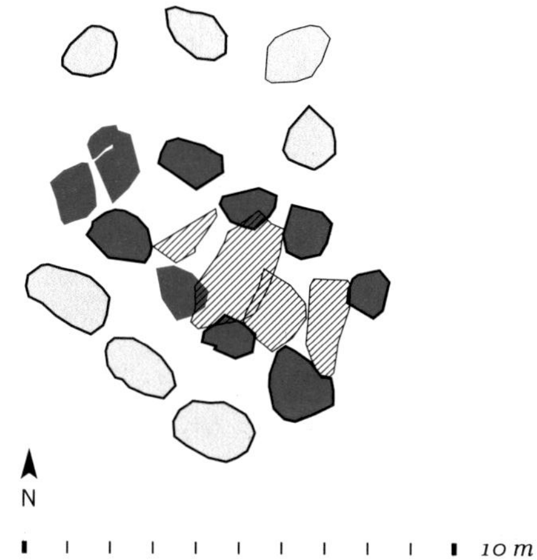

*Diesdorf Fpl. 1.*

# Diesdorf

*Fundplatz 2*

## 10

**LAGE**: 1,3 km südsüdwestlich von der Ortsmitte Diesdorf, 250 m östlich des Feldweges nach Lindhof auf einer Wiese; nördlich des Günthersberges in einer Senke. Da der Weg von Diesdorf zum Günthersberg, der direkt am Grab vorbeiführte nicht mehr benutzt werden kann, nur über Umwege zu erreichen.

**ERHALTUNG**: schlecht; alle Decksteine, mehrere Wandsteine und die meisten Umfassungssteine fehlen.

**GRABUMFASSUNG**: Nord-Süd orientiert. Acht Umfassungssteine sind erhalten. Die Umfassung scheint rechteckig oder trapezförmig gewesen zu sein. Außenmaße: Nach Danneil war die 1843 noch gut erhaltene Anlage 24,5 m lang und 10,0 m breit.

**KAMMER**: Nord-Süd orientiert, Lage im nördlichen Teil der Umfassung. Innenmaße: 9,3 m lang, 1,8–2,0 m breit; rechteckig. 13 von ehemals etwa 16 Wandsteinen und keiner der vier bei Danneil erwähnten Decksteine sind erhalten.

**ZUGANG**: zwei parallel stehende niedrigere Wandsteine mittig der westlichen Langseite weisen darauf hin, dass sich hier vielleicht ein Gang befand.

**SPRENGLÖCHER**: Der mittlere Umfassungsstein auf der Ostseite ist in acht Teile gesprengt, an zwei Fragmenten sind noch jeweils drei Keiltaschen zu sehen. Der nordöstlich davon liegende Umfassungsstein sollte ebenfalls mit Hilfe von Keilen gespalten werden, deutlich sichtbar sind vier in einer Reihe liegende rechteckige Keillöcher sowie zwei Keiltaschen (Fragmente von Keillöchern).

*Das Großsteingrab Diesdorf Fpl. 2 am 22.10.1933; im Hintergrund das Fahrzeug von Sudhoff. Foto: W. Sudhoff.*

Nordöstlich der Kammer mindestens 15 Fragmente eines weiteren gesprengten Steins, möglicherweise eines größeren Wächters, an zwei Stücken jeweils drei Keiltaschen.

**HÜGEL**: länglich.

**TYP**: wahrscheinlich Ganggrab mit sieben Wandsteinpaaren und rechteckiger oder trapezförmiger Umfassung.

(Danneil 1843, 101 Nr. 37 | Krause / Schoetensack 1893, 144f. Nr. 66, Taf. VI,66)

# Diesdorf

*Fundplatz 3*

## 11

**LAGE**: 1,6 km südsüdwestlich von Diesdorf am Nordhang des Günthersberges, 250 m östlich des Weges nach Lindhof im Wald; über einen Weg durch den Wald zugänglich.

**ERHALTUNG**: mittelmäßig; mehrere Wandsteine und die meisten Umfassungssteine fehlen; nur noch ein sehr großer Deckstein liegt auf den Wandsteinen.

**GRABUMFASSUNG**: Nordnordwest-Südsüdost orientiert. Nur noch drei sehr große Umfassungssteine (bis 2,0 m hoch) erhalten. Die Umfassung scheint rechteckig oder trapezförmig gewesen zu sein.

**KAMMER**: Nordnordwest-Südsüdost orientiert. Innenmaße: mindestens 8,7 m lang, 1,7 – 1,5 m breit; trapezförmig; Höhe der Kammer innen 1,0 m (sichtbare Höhe). Zehn Wandsteine und drei von ehemals wahrscheinlich sechs Decksteinen sind erhalten. Die Wandsteine sind innen sehr flach. Maximale Decksteingröße: 2,6 m x 1,8 m x 1,2 m.

**ZUGANG**: in der nordwestlichen Kammerecke befindet sich im oberen Bereich zwischen zwei Wandsteinen eine Lücke. Möglicherweise handelt es sich dabei um einen Einstieg zur Kammer.

**SCHÄLCHEN/RINNE**: Auf dem nördlichen Deckstein vier runde Schälchen, drei davon klein (Durchmesser 3 cm) und sehr flach, eines mit einem Durchmesser von 6 cm und einer Tiefe von 1,5 cm. Auf dem mittleren Deckstein fünf runde Schälchen, das größte mit einem Durchmesser von 7 cm und einer Tiefe von 2 cm. Auf dem nordwestlichen Giebelwandstein befindet sich innerhalb der Kammer, direkt neben dem möglichen Zugang, eine senkrechte Rinne, Länge 60 cm, Breite 2 cm, Tiefe 2 cm.

**HÜGEL**: länglich, ursprünglich nur zwischen den Umfassungssteinen, inzwischen jedoch breit geflossen, sodass die Kammer z. T. eingetieft ist. Höhe des Hügels im nördlichen Teil: 1,5 m.

**TYP**: Großdolmen mit wahrscheinlich mindestens sechs Wandsteinpaaren und rechteckiger oder trapezförmiger Umfassung.

*Das Großsteingrab von Diesdorf Fpl. 3 um 1890 bei der Aufnahme durch E. Krause und O. Schoetensack.*

J. Chr. Bekmann erwähnt in seiner historischen Beschreibung der Chur und Mark Brandenburg 1751 ebenfalls mehrere Großsteingräber in Diesdorf, von denen jedoch ein Teil bereits 1893 zerstört war. Folgendes Grab scheint mit Diesdorf Fpl. 3 identisch zu sein: »Unfern dem Amte und Kloster Diestorf den weg nach Haselhorst hin, wird man abermahl fünf dergleichen steinerne Monumente ansichtig, wovon viere ... etwas kürzer sein; das fünfte (Diesdorf Fpl. 3 – Verf.) ... aber ist wiederum lang, bestehend aus etlichen und funfzig steinen, wiewohl die eine Seite gemuhtmasset, welche noch ziemlich ganz ist. In der grabstelle siehet man vier sehr grosse neben einander liegende Steine und am ende derselben einen großen Grabaltar. Der ledige plaz ist, wie mehrmals, anderthalbmahl ohngefehr so lang, als das eigentliche grab.« (Bekmann/Bekmann 1751, 353f.). Die Umfassung war demnach langrechteckig mit weit über 20 m Länge; an den Ecken stand jeweils ein besonders großer Stein (»Wächter«).

Eine weitere frühe Erwähnung findet dieses Grab im »Altmärkischen Intelligenz- und Leseblatt«, in dem ein Bericht aus dem Jahre 1808 wiedergegeben wird: »... Am anziehendsten war mir aber der Molmker Berg. ... Unweit der Kuppe des Berges ist ein Hühnengrab der seltensten Art. Es hat einige 30 Schritte in der Länge, und 15 in der Breite, und ist aus kolossalischen Steinmassen aufgethürmt. Die Steine sind von einer Größe, dass es mir unbegreiflich ist, wie die Menschenkraft ohne Hülfsmittel der Mechanik solche Massen hat über einander schichten thuen. Es sind Steine darunter, die über 300 Cubikfuß enthalten ... In der Nähe dieses Molmker Berges finden sich noch 4 kleinere Hühnengräber, welche in einem verschobenen Vierecke liegen ... Das große erwürdige Hühnengrab auf dem Berge selbst, wäre dann wohl das Monument für den ausgezeichneten Anführer des Volkes, der hier vielleicht ehrenvoll seine Laufbahn beschloß.« (Erxleben 1824, 30f.) Die Ansicht des Grabes muss, als der Günthersberg (= Molmker Berg) noch nicht bewaldet war, besonders beeindruckend gewesen sein. Auch die Aussicht von hier war imponierend.

*Großsteingrab von Diesdorf Fpl. 3.*

Höchstwahrscheinlich handelt es sich daher auch um dasselbe Grab, von dem Dietrichs und Parisius 1883 (276) berichten: »... Das weitaus am schönsten belegene findet sich auf halber Höhe eines bewaldeten Hügel, von dem man eine freundliche Aussicht über die Ebene hat. Dort war der Besitzer eben dabei, große Steine auszugraben und das Grab zu zerstören ...«. Vermutlich handelt es sich dabei um die heute fehlenden Umfassungssteine.

Auf einem Ölbild von 1845, das der königliche Hofmaler Hermann Schmidt malte (Inventarnummer Danneil-Museum V K 1/49) sind noch deutlich mehr Steine der ehemaligen Umfassung zu erkennen, allerdings war auch damals das Grab schon weitgehend zerstört.

Krause und Schoetensack fanden bei ihrer Besichtigung in der Umgebung der Kammer zahlreiche Feuersteinabschläge und führten daher im nördlichen Teil der Grabkammer eine »Ausgrabung« bis zum gewachsenen Boden in 1,0 m Tiefe durch. Sie entdeckten »am Ende der Kammer ein Depot von Hunderten von Feuersteinsplittern in verschiedener Grösse bis zu 50 mm im Quadrat ..., die, den Schlagmarken nach zu urtheilen, von der Fabrikation von Feuersteinartefakten herrühren. Sonst war nichts weiter in diesem Theile der Kammer aufzufinden; auch keine Spur eines Skelets oder von Beigaben.« (Krause/Schoetensack 1843, 145).

Beim Säubern des Grabes wurde Ende der 1980er Jahre ein Feuersteinbeil entdeckt, das leider z.Zt. nicht auffindbar ist.

(Bekmann / Bekmann 1751, T. 1, 353f., Taf. II,II | Erxleben 1824, 30f. | Danneil 1843, 101 Nr. 38 | Dietrichs / Parisius 1883, 276 | Krause / Schoetensack 1893, 145 Nr. 67, Taf. VI,67; VII,67 | Kelch 2002, 459)

# Drebenstedt

*Fundplatz 2*

## 12

*Das Großsteingrab von Drebenstedt Fpl. 2 um 1890 bei der Aufnahme durch E. Krause und O. Schoetensack.*

**LAGE**: 950 m westlich der Ortsmitte, ca. 100 m südlich der Straße nach Lindhof im Feld, von der Straße aus sichtbar, allerdings führt kein Weg zum Grab. Unterer Nordost-Hang.

**ERHALTUNG**: sehr gut; Wand- und Umfassungssteine beinahe vollständig vorhanden und aufrecht stehend; ein Deckstein zerbrochen. Die Kammer ist fast bis zur Höhe der Decksteine mit Hügelschüttung bedeckt.

**GRABUMFASSUNG**: Nordwest-Südost orientiert. Außenmaße: ca. 43,8 m lang, 6,0–7,5 m breit; trapezförmig. Insgesamt sind noch 53 von ehemals insgesamt ca. 58 Umfassungssteinen vorhanden. In der Westecke ein ca. 2,2 m hoher, 2,1 m breiter und 0,7 m dicker, aufrecht stehender Eckstein (»Wächter«). Die anderen drei Wächtersteine sind inzwischen umgefallen, wobei die beiden an der südöstlichen Schmalseite wohl vor der Umfassung standen, also keine Ecksteine waren. In diesem Bereich befinden sich auch mehrere Bruchstücke von großen Steinen, eines davon mit Sprenglöchern. Für den nordwestlichen Teil der Umfassung, in dem sich auch die Kammer befindet, verwendete man deutlich monumentalere Umfassungssteine als im südöstlichen Abschnitt.

**KAMMER**: Nordwest-Südost orientiert, Lage im nordwestlichen Teil der Umfassung. Innenmaße: 8,8 m lang, 1,9 m breit; rechteckig. 13 von ca. 16 Wandsteinen und vier Decksteine sind vollständig erhalten, ein weiterer Deckstein zertrümmert. Maximale Decksteingröße: 2,5 m x 2,0 x 1,0 m bzw. 2,7 m x mind. 1,2 m x 0,5 m.

**SCHÄLCHEN/RINNEN**: Auf der Oberseite des südwestlichen »Wächters« mehrere runde (Tiefe bis 1 cm, Durchmesser bis 6 cm) und ovale Schälchen (Tiefe bis 1 cm, Größe 4 x 6 cm).

An zwei gegenüberliegenden Umfassungssteinen der Längsseiten jeweils eine bzw. möglicherweise zwei Rinnen. Auf der Nordostseite eine halbbogenförmige, bis zu 5 cm tiefe und oben 6 cm breite Rinne, auf der Südwestseite eine hufeisenförmige, 3 cm tiefe und oben 3 cm breite Rinne. Eine mögliche weitere Rinne auf dem gleichen Stein ist nur noch in Ansätzen erkennbar.

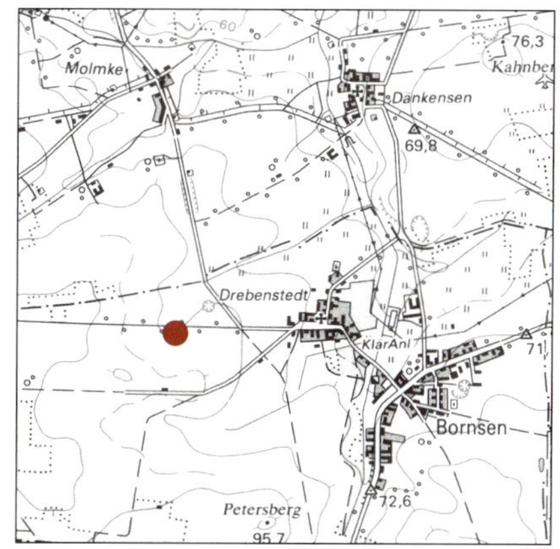


*Lage des Großsteingrabes von Drebenstedt Fpl. 2.*

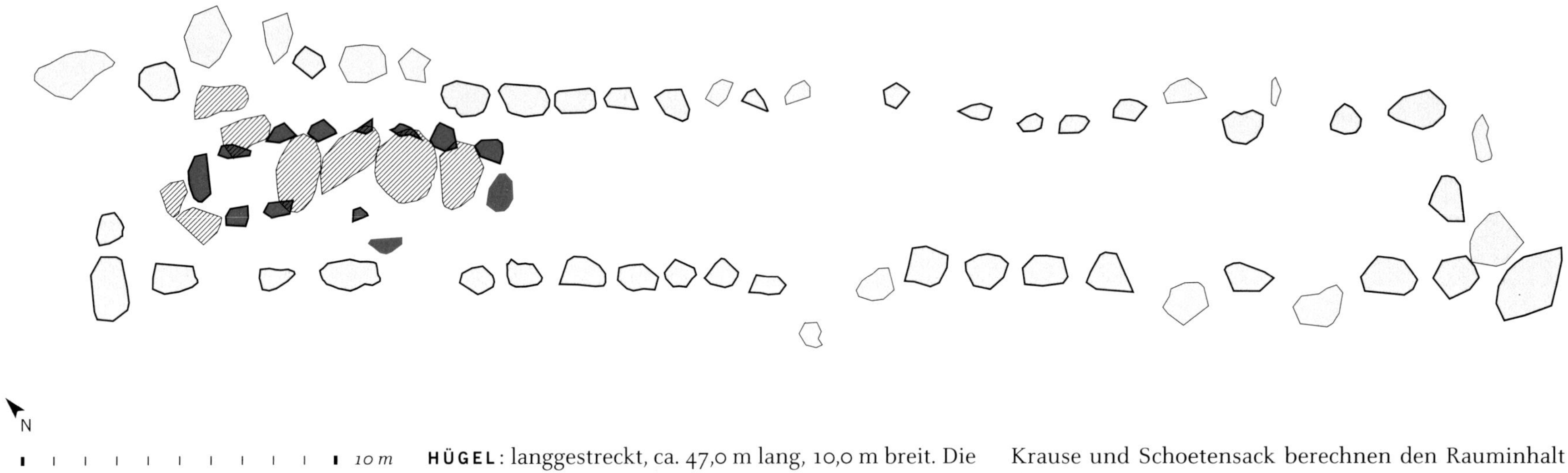


**HÜGEL**: langgestreckt, ca. 47,0 m lang, 10,0 m breit. Die Hügelschüttung befindet sich noch weitgehend zwischen den Umfassungssteinen, Höhe 1,7 m, und ist nur wenig breit geflossen.
**TYP**: Großdolmen mit sieben Wandsteinpaaren und trapezförmiger Umfassung.

Danneil nennt das Grab von Drebenstedt das »imposanteste Hünenbett der Altmark«. Er veranschlagt die Steinmasse auf mindestens 15.965 und maximal 25.000 Zentner. Dietrichs und Parisius berichten ebenfalls über das Drebenstedter Grab, insbesondere der noch heute stehende »Wächterstein« fiel ihnen auf. Auch R. Virchow war besonders vom Drebenstedter Grab beeindruckt.

Krause und Schoetensack berechnen den Rauminhalt der Umfassungs-, Wand- und Decksteine auf 51,2 $m^3$. Aufgrund völkerkundlicher und experimentell-archäologischer Beobachtungen konnte mit diesen Daten der notwendige Arbeitsaufwand für die Errichtung des Grabes kalkuliert werden: Das Großsteingrab Drebenstedt Fpl. 2 könnte bei einem zehnstündigen Arbeitstag von 100 Personen in 40 Tagen bis zwei Monaten errichtet worden sein (siehe S. 209).

(Danneil 1843, 103f. Nr. 51 | Dietrichs / Parisius 1883, Bd. 1 275 ff. | Krause / Schoetensack 1893, 147 Nr. 86, Taf. VI,86; VII,86; IX,86 | Fritsch / Müller 2002, 73 Abb. 13 | Kelch 2002, 459)

**SEIT 1992 GEMARKUNG GRASSAU**

**GEMEINDE GRASSAU**

**KREIS STENDAL**

# Hohenwulsch-Friedrichsfleiss

*Fundplatz 1*

## 13

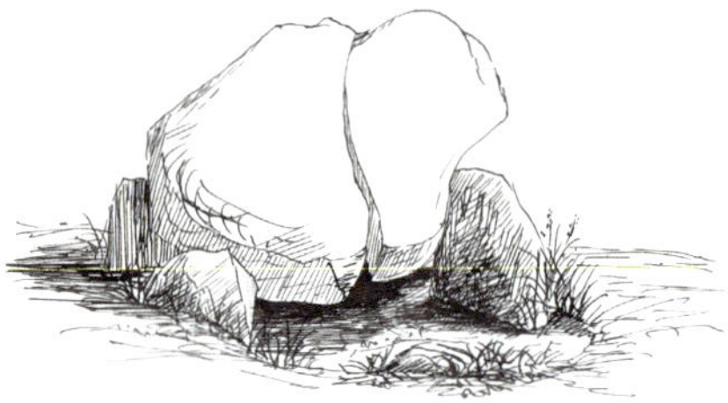

*Das Großsteingrab von Hohenwulsch-Friedrichsfleiss.*

**LAGE:** ca. 1,5 km östlich von Friedrichsfleiss am Weg nach Grassau im Wald in fast ebenem Gelände. Das Grab ist gut erreichbar.

**ERHALTUNG:** mittelmäßig; die Umfassung fehlt zum größten Teil, der größte Deckstein ist geborsten und in die Kammer gefallen.

**GRABUMFASSUNG:** Die Lage der sechs erhaltenen Umfassungssteine lässt darauf schließen, dass die Umfassung ehemals rund oder oval war. Durchmesser außen: 13,3 m in ost-westlicher Richtung.

**KAMMER:** Ost-West orientiert, in der Mitte der Umfassung; Innenmaße: 7,4 m lang, 1,8 – 2,0 m breit; trapezförmig; Höhe der Kammer innen 0,8 m. 14 von ehemals 16 Wandsteinen und vier von ehemals fünf Decksteinen sind erhalten. Größter Deckstein (zerbrochen): 2,6 m x 2,0 m x 1,2 m.

**ZUGANG:** nicht erkennbar.

**HÜGEL:** oval; Länge 15,0 m, Breite 22 m, Höhe 0,9 m.

**TYP:** Großdolmen mit sieben Wandsteinpaaren und wahrscheinlich ovaler Umfassung.

(Krause / Schoetensack 1893, 133f., Nr. 1, Taf. VI,1; VII,1 | Hossfeld / Haetge 1933, 69f. Abb. 41)

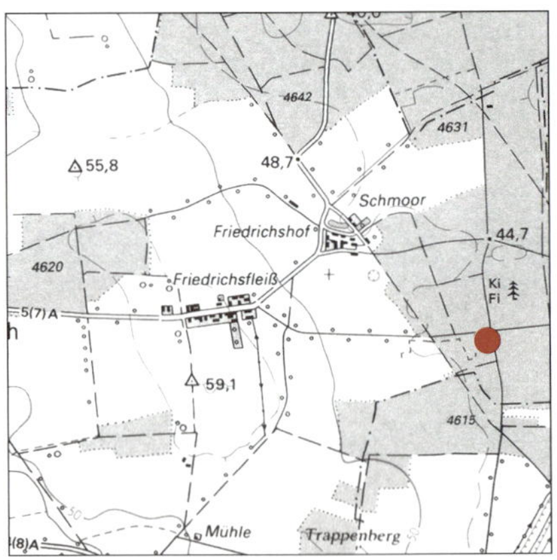


*Lage des Großsteingrabes von Hohenwulsch-Friedrichsfleiß Fpl. 1.*

*Das Großsteingrab von Hohenwulsch-Friedrichsfleiß um 1890 bei der Aufnahme durch E. Krause und O. Schoetensack.*

# Immekath

*Fundplatz 1*

## 14

*Foto: L. Mittag 2003.*

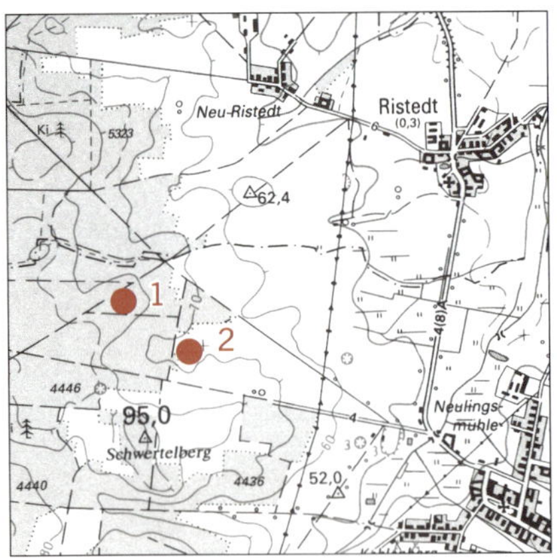


*Lage der Großsteingräber von Immekath.*

**LAGE**: ca. 2,4 km nordwestlich vom Ort im Wald, nahe einem stark zugewachsenen Waldweg am westlichen Ende eines Geländerückens, leichte Spornlage, schwer zu finden.

**ERHALTUNG**: schlecht; mehrere Wand- und Decksteine fehlen; der vorhandene Deckstein liegt schräg in der Kammer. Die Kammer scheint bereits ausgegraben zu sein.

**GRABUMFASSUNG**: nicht vorhanden.

**KAMMER**: Ost-West orientiert; Innenmaße: 3,7 m lang, 1,6 m breit; rechteckig. Sechs Wandsteine und einer von ehemals drei Decksteinen sind erhalten. Größe des Decksteins: mind. 2,0 m x 1,8 x 0,8 m. Eine flache Vertiefung auf der Oberseite des umgekippten Decksteines ist natürlichen Ursprungs.

**HÜGEL**: oval, Höhe 0,6 m; Länge ca. 6,1 m.

**TYP**: Großdolmen mit drei Wandsteinpaaren, wahrscheinlich ohne Umfassung.

In der Umgebung des Grabes befinden sich Wölbäcker, die den erhaltenen Hügel auslassen. Möglicherweise ein Hinweis darauf, dass das Großsteingrab niemals eine Umfassung besaß.

(Danneil 1843, 115 Nr. 126 | Krause / Schoetensack 1893, 159 Nr. 169, Taf. VI,169; VII,169 | Kelch 2002, 459)

*Das Großsteingrab von Immekath Fpl. 1 um 1890 bei der Aufnahme durch E. Krause und O. Schoetensack.*

# Immekath

*Fundplatz 2*

## 15

*Foto: L. Mittag 2003.*

**LAGE**: ca. 2,0 km nordwestlich vom Ort auf einem bestellten Feld in einer kleinen Senke an einem Westhang, ohne direkte Zuwegung.

**ERHALTUNG**: schlecht; nur ein Teil der Kammer vorhanden, Umfassung fehlt; der Hügel ist stark abgepflügt.

**GRABUMFASSUNG**: laut Sudhoff waren 1931 noch zwei Umfassungssteine vorhanden, die jedoch 1932 bereits fehlten.

**KAMMER**: Nordwest-Südost orientiert; nach Danneil war die Kammer 1843 noch 7,5 m lang, 3,8 m breit (Außenmaße) und mit vier Decksteinen versehen. Heute sind nur noch ein Deckstein und fünf Wandsteine vorhanden; innen ist die Kammer noch maximal 1,2 m breit und 6,2 m lang. Größe des Decksteins: 2,3 m x 1,7 m x 0,9 m.

**HÜGEL**: oval, stark abgetragen und angepflügt.

**TYP**: Großdolmen mit mindestens vier Wandsteinpaaren.

(Danneil 1843, 115 Nr. 125 | Krause / Schoetensack 1893, 159, Nr. 168)

*Das Großsteingrab Immekath Fpl. 2 am 10. 4. 1931. Foto: W. Sudhoff.*

# Kläden

*Fundplatz 1*

## 16

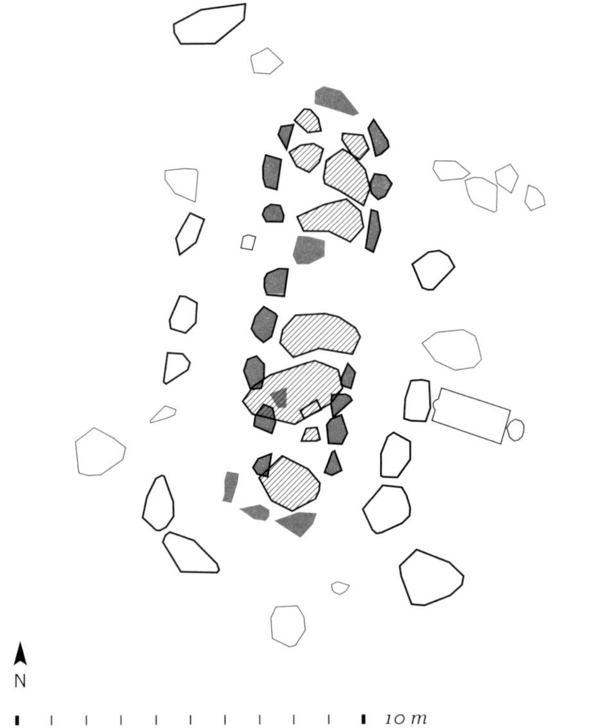


**LAGE**: ca. 1,5 km nordöstlich von Kläden, westlich der Straße nach Grünenwulsch im Feld, ca. 70 m von der Straße entfernt, am westlichen Ende einer flachen Kuppe. Das Grab ist von der Straße aus gut zu sehen. Nördlich führt ein Feldweg vorüber. Da das Grab insbesondere an der Nordseite von dichtem Schwarzdorngebüsch umgeben ist, ist es von hier nur schwer zugänglich.

**ERHALTUNG**: mittelmäßig; mindestens ein Deckstein fehlt, die anderen Decksteine sind zum Teil zersprungen und teilweise eingesunken, viele Umfassungs- und Wandsteine sind umgefallen; ein Teil dieser Steine fehlt.

**GRABUMFASSUNG**: Süd-Nord orientiert. Sie ist gegenüber der auffällig großen Grabkammer recht kurz; außen 18,0 m lang und zwischen 7,50 m im Süden und 8,20 m im Norden breit, wahrscheinlich leicht trapezförmig. 19 von ehemals vielleicht 26 Umfassungssteinen sind noch vorhanden. Besonders im Norden fehlen einige Umfassungssteine. Etliche herumliegende Steine sind heute nicht mehr genau zuzuordnen.

**KAMMER**: ebenfalls Süd-Nord orientiert, in der Mitte der Umfassung. Innenmaße: 11,0 m lang, im Süden 1,50 m, im Norden 2,60 m breit; trapezförmig; 20 Wandsteine und sechs von ehemals sieben Decksteinen sind erhalten. Die Wandsteine wirken recht klein und fehlen eben-

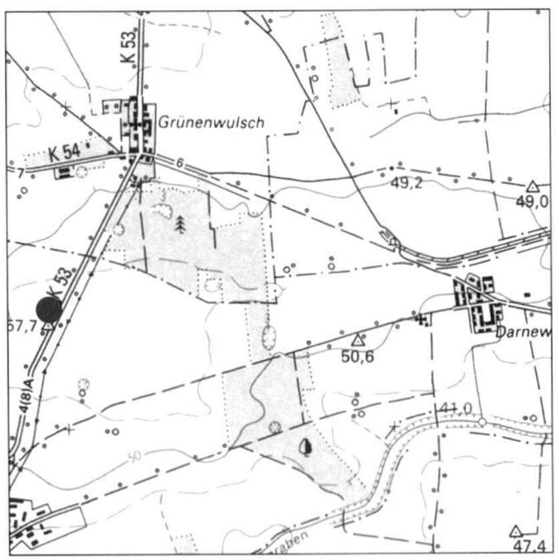


*Lage des Großsteingrabes von Kläden Fpl. 1.*

falls teilweise. Die Decksteine sind größtenteils zerbrochen und eingesunken. Nur der zweite Deckstein von Süden liegt noch auf der Kammer auf, Größe: 2,70 m x 1,60 m x 0,80 m. Auch dieser Stein ist schon sehr stark zersprungen. Ein Deckstein muss schon vor langer Zeit vom Grab entfernt worden sein. Zu diesem Zwecke wurden an der Ostseite der Anlage sowohl Umfassungssteine als auch Wandsteine beiseite geräumt und der Deckstein dort nach Osten vom Grab gezogen. Bereits auf dem Krause / Schoetensack-Plan von 1893 ist diese Konstellation zu erkennen!

**ZUGANG**: nicht erkennbar; einen seitlichen Zugang besaß das Grab ursprünglich nicht.

**RINNE**: auf dem dritten Deckstein von Süden eine hakenförmige, oben 6 cm breite, nach unten enger werdende und 7–20 cm tiefe Rinne, ca. 45 cm lang, vom »Haken« sind ca. 40 cm sichtbar, oben rechteckiger, unten eher halbrunder Querschnitt. Der sichtbare Teil der Vertiefung erinnert in seiner Form an frühbronzezeitliche Stabdolche. Da allerdings der Deckstein zum Teil in der Erde versunken ist, wäre auch eine andere Form denkbar (Steigbügel o.ä.).

**HÜGEL**: oval, noch gut erkennbar, aber insbesondere im Norden wegen der dort fehlenden Umfassungssteine stark abgeflossen. Länge ca. 29,0 m, größte Breite ca. 17,0 m. Seine Höhe beträgt noch zwischen 0,80 m und 1,0 m.

**TYP**: Großdolmen mit acht Wandsteinpaaren und trapezförmiger Umfassung.

*Foto: L. Mittag 2003.*

*Das Großsteingrab von Kläden um 1931.*

Im Umfeld des Grabes und insbesondere 20–30 m nordwestlich davon befinden sich auffällig viele große Steine, die aber nicht zuzuordnen sind. Schon Krause und Schoetensack vermuteten dort Lesesteine. An der Ostseite der Anlage, ungefähr in der Mitte des Grabes, liegt eine zerbrochene, beschriftete Sandsteintafel. Dabei handelt es sich wie bei dem Grab von Bülitz Fpl. 1 um eine Tafel des Domherren von Levetzow, der das Grab angekauft hatte, um es zu erhalten. Die Inschrift ist nicht mehr überall gut lesbar, nach Krause und Schoetensack (1893, 137) lautete sie: »Hünengrab – ein Denkmal längst vergangener Zeit – möge auch ferner vor der Zerstörung bewahrt bleiben – besteht aus 23 Steinen – gehöret ... dem Besitzer von Kläden und Darnewitz – weiland Herrn C. L. W. A. Theodosius von Levetzow – gestorben den 29. Januar 1861 - Psalm 67, 2 und 3.«
Nach einer Information von U. Schulze (Bülitz) sollte diese Tafel um 1950 beim Bau eines »Ernst-Thälmann-Denkmals« verwendet werden. Als man sie aber vom Grab heben wollte, zerbrach sie in zwei Teile und man ließ die beiden Teile dann dort liegen.
Eines der fünf oder sechs 1838 noch vorhandenen Gräber der Gemarkung Kläden, möglicherweise Fpl. 1, wurde von Danneil »... theilweise ... umgegraben. Das Ergebniß war eine nicht unbedeutende Menge von Gefäßscherben, die besonders zwischen den Pfeilern sich fanden, welche den Deckstein, der bereits fehlt, getragen hatten. Es war insofern interessant, als sie sämmtlich mit tiefen aber scharfkantigen, 1 bis 2 Linien breiten Furchen in verschiedenen Formen, häufig in Zickzacklienien versehen waren. Das Ganze umzuarbeiten, erlaubte weder die Größe – das Grab war wenigstens 100 Fuß (ca. 34 m) lang – noch die üble Witterung. Der Fund ist in den Händen des Herrn Domherrn von Levetzow auf Kläden.« (Danneil 1838, 45). Für eine lange Zeit blieben dies die einzigen aus altmärkischen Großsteingräbern bekannten tiefstichkeramischen Scherben.
(zur Sage vom Klädener Großsteingrab siehe S. 148 ff.).
(Danneil 1838, 45 | Danneil 1843, 95 Nr. 9? | Hossfeld / Haetge 1933, 120 f. Abb. 68 | Krause / Schoetensack 1893, 137 f. Nr. 15, Taf. VI,15, VII,15 | Pohlmann 1901, 84 | Lehrerverband 1908, 145 f. | Kupka 1921, 364 ff. | Preuß 1980, 110 f., Taf. 20,1)

# Leetze

*Fundplatz 1*

## 17

**LAGE**: ca. 2,5 km nordwestlich von Leetze, 450 m nördlich vom Vorwerk Wötz auf einem Feld, ohne Weg, an dem ganz leicht nach Norden hin abfallenden Hang des Haidberges.

**ERHALTUNG**: Nach der Ausgrabung 1938 rekonstruiert, jedoch wurde nur der ursprünglich neben der Kammer gefundene Deckstein auf die Wandsteine gelegt. Das Grab ist inzwischen wieder völlig zugewachsen.

**GRABUMFASSUNG**: nicht vorhanden.

**KAMMER**: Nord-Süd orientiert, zentrale Lage im Hügel. Innenmaße: 3,8 m lang, 1,4 m breit, rechteckig; Höhe der Kammer innen 1,6–1,7 m vom Pflaster bis zur Decke. Sieben von ehemals neun Wandsteinen und alle drei Decksteine waren bei der Ausgrabung erhalten; ein Deckstein lag vor der Rekonstruktion außerhalb der Kammer (Plan S. 91 zeigt den Zustand des Grabes vor der Rekonstruktion 1938). Die Zwickel zwischen den Wandsteinen waren mit Sandsteinplatten ausgefugt. Größe des heute aufliegenden Decksteins: 2,2 m x 1,0 m x 0,8 m (alle Maße nach Angaben des Ausgräbers U. Fischer).

**ZUGANG**: an der nördlichen Schmalseite der Kammer; der Wandstein ist niedriger als die anderen und besitzt einen geraden oberen Abschluss. Dadurch blieb eine Lücke bzw. eine Art Fenster frei.

**HÜGEL**: rund, Durchmesser 11,0 m, Höhe 0,9 m; Steinmantel. Vereinzelt unverzierte Scherben im Steinmantel, im westlichen Teil des Hügels verzierte Scherben.

**TYP**: Großdolmen mit drei Wandsteinpaaren in einem runden Hügel ohne Umfassung.

Im »Wötz«, einer wüst gefallenen Siedlung auf der Gemarkung von Leetze, befinden sich acht Großsteingräber, die sich auf ca. 1100 m perlschnurartig von Nord nach Süd an dem sanft abfallenden Nordhang des Haidberges aufreihen und ihrerseits etwa Nord-Süd oder Nordwest-Südost orientiert sind. Leetze Fpl. 1 ist die nördlichste dieser Anlagen. Nach den Angaben von Danneil (1843) kamen noch mindestens weitere sieben Gräber auf der Wallstawer Gemarkung und ein weiteres im »Wötz« hinzu, die diese Kette nach Norden hin fortsetzten. Möglicherweise folgten all diese Bauten der Richtung eines Weges, der in neolithischer Zeit an dieser Stelle durch die nordwestliche Altmark führte. Bereits Ende des 19. Jh. waren die Gräber nicht mehr vorhan-

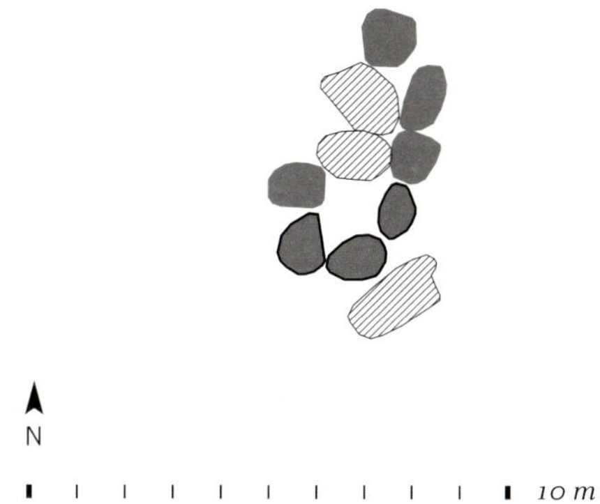


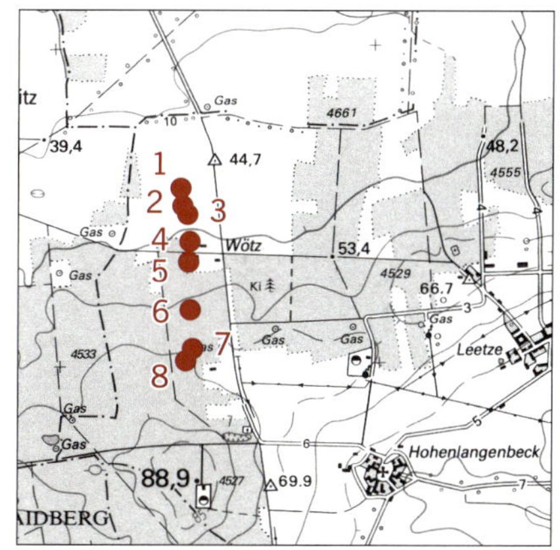


*Lage der Großsteingräber von Leetze.*

*Wandsteine, Bodenpflaster und die Reste des Steinmantels während der Ausgrabung 1938. Foto: U. Fischer.*

*Das Großsteingrab Leetze Fpl. 1 während der Ausgrabung 1938. Foto: U. Fischer.*

den, sondern wurden nach der Separation Anfang des 19. Jh. nach und nach von den Bauern zerstört und für den Bau von Häusern, Straßen o. ä. verwendet.
Nachdem 1938 den zuständigen Behörden gemeldet wurde, dass Arbeiter des Grundbesitzers begonnen hätten, das nördlichste Grab Leetze Fpl. 1 zu zerstören, beschloss die damalige Landesanstalt für Volkheitskunde in Halle (Saale), das gefährdete Grab zu untersuchen und – soweit wie möglich – wieder herzurichten. Vom 19. 7.–10. 9. 1938 führte U. Fischer Ausgrabungen in Leetze Fpl. 1 und Fpl. 4 und den anschließenden Wiederaufbau des erstgenannten Grabes durch.

Folgende Ergebnisse erbrachte seine Untersuchung: Der Boden der Grabkammer war mit rötlichen Sandsteinplatten sorgfältig gepflastert. Darüber folgte eine »fettig-aschige Schicht mit lebhaften Verfärbungen« (Grabungsbericht Fischer 1938), verziegelten Lehmbrocken und kleinen Knochensplittern, die der Ausgräber als Reste der beigesetzten Toten deutet, und schließlich eine Schotterschicht aus Granitgrus. Aus der fettig-aschigen Schicht stammen mehrere verzierte Scherben, auf der Schotterschicht lagen Reste von vier Gefäßen, ein Feuersteinbeil und Teile eines menschlichen Skeletts. Während alle Scherben aus der Kammer und dem Hügel der altmärkischen Tiefstichkeramik zugeordnet werden können, gehört das Skelett vermutlich zu einer Bestattung, die nach Aussage eines neueren Radiokarbondatums in das Ende der Jungsteinzeit um 2400–2100 v. Chr. gehört, also ca. 1000 Jahre nach Errichtung des Grabes (Müller 1999, 84).

In einer Sage wird auch ein Hünengrab im Wötz erwähnt, allerdings bildet es nur den Rahmen der Handlung. Bezeichnend ist aber, dass man auch hier »wusste«, dass das Grab bereits vor dem frühen Mittelalter errichtet worden war:
In der wüsten Feldmark Wötz verirrte sich vor langer Zeit ein fränkischer Ritter, der von Karl dem Großen zum Sachsenherzog Widukind geschickt worden war. Als es Nacht wurde, hatte der Ritter, der zusammen mit einem Diener unterwegs war, den Ausgang des Waldes

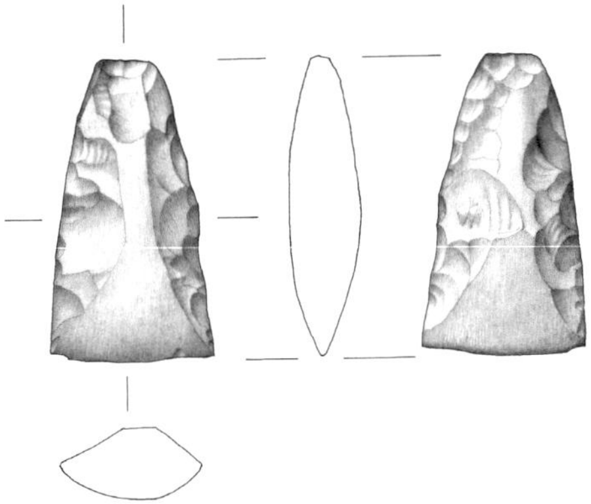

*Feuersteinbeil aus der Grabkammer.*

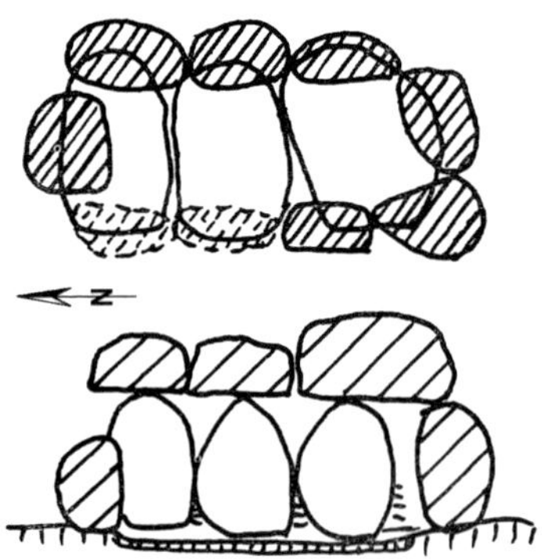

*Rekonstruktion der Grabanlage im Grundriss und im Längsschnitt.*

immer noch nicht erreicht. Da hörten sie plötzlich ein lautes Geschrei. Als sie zu der Stelle gelangten, aus welcher der Lärm gekommen war, sahen sie einen alten Mann mit langen weißem Haar gefesselt unter einem Baum liegen. Daneben lagerten einige junge, mit Fellen bekleidete Wenden. »Was macht Ihr hier und warum jammert der alte Mann so fürchterlich?« »Er kann nicht mehr arbeiten!« »Ja und? Gerade dann solltet ihr doch Mitleid mit ihm haben, selbst wenn er euer Sklave wäre.« Erstaunt sahen ihn die Männer an: »Das ist unser Vater - und es ist bei uns Brauch, dass wir ihn nun töten, da er zum Leben nicht mehr taugt und keinen Nutzen mehr bringt!« Der Ritter war entsetzt: »Euer Vater! – Das ist unmenschlich, dann solltet ihr ihn doch ehren und beschützen!« Ungerührt antwortete der Anführer: »Was ist ein Mann noch wert, der nichts mehr leisten kann und anderen nur noch zur Last wird? Dort liegt noch die Axt, die Flecken daran stammen vom Blut unseres Großvaters, der vor Jahren von unserem Vater erschlagen wurde, als er nichts mehr taugte. – Uns wird es später nicht besser ergehen, deshalb werden wir unseren Vater zu dem Hünengrab bringen, das du dort siehst. Dort werden wir ihn töten, danach verbrennen und die Asche in eine Urne legen. Die Urne werden wir dann neben der Urne des Helden bestatten, der vor langer Zeit hier gefallen ist und im Hünengrab beigesetzt wurde.«

*Leetze Fpl. 1 nach dem Wiederaufbau 1938. Foto: U. Fischer.*

Als der Ritter merkte, dass sein Reden nichts half und dass die Männer an ihrem Handeln nichts Grausames finden konnten, da es ihrer Sitte entsprach, versuchte er es mit Geld: »Dann verkauft mir euren Vater!« »Wenn wir uns über die Summe einigen können, wollen wir das tun,« sagte der Wortführer nach kurzer Beratung mit seinen Brüdern. Nachdem man sich auf das Lösegeld geeinigt hatte, nahm der Ritter den alten Mann mit sich und machte ihn später zum Torwächter seiner Burg.

(Danneil 1843, 107 Nr. 71 | Krause / Schoetensack 1893, 150 Nr. 107, Taf. VI,107; VII,107 | Blasius 1904, 97 | Lehrerverband 1908, 145 | Fischer 1939, v.a. 5f. | Fischer 1956, 68ff. Taf. 23,2 | Preuß 1980, 101, Abb. 22, Taf. 1; 2,1 | Müller 1999, 84)

# Leetze

*Fundplatz 2*

## 18

**LAGE**: ca. 140 m südlich vom Grab Leetze Fpl. 1 auf einem Feld, keine Zuwegung.

**ERHALTUNG**: mittelmäßig; Umfassungssteine fehlen zum Teil.

**GRABUMFASSUNG**: Nordwest-Südost orientiert, Außenmaße: 12,5 m lang (ohne »Wächter«), 7,0 m breit, vermutlich oval. 14 Umfassungssteine erhalten, die z. T. einen Meter aus der Erde herausragen. Vor der nordwestlichen Schmalseite befinden sich zwei sehr große, allerdings umgekippte Steine (»Wächter«?); der nördliche ist mindestens 2,0 m lang. Möglicherweise war die Umfassung ursprünglich länger.

**KAMMER**: Nordwest-Südost orientiert, Lage im nordwestlichen Teil der Umfassung. Innenmaße: 5,5 m lang, 1,7 m breit, rechteckig. Acht von ehemals wahrscheinlich zehn Wandsteinen und alle vier Decksteine sind erhalten. Maximale Decksteingröße: 2,0 m x 1,1 m x 0,6 m; ein weiterer Deckstein ist 2,2 m lang, die übrigen Maße sind nicht mehr zu ermitteln.

**HÜGEL**: oval; ca. 0,8 m hoch.

**TYP**: Großdolmen mit vier Wandsteinpaaren und einer vermutlich ovalen Umfassung.

(Danneil 1843, 107 Nr. 72 | Krause / Schoetensack 1893, 150 Nr. 108, Taf. VI,108; VII,108)

*H.-J. Gomolka, J. Herrmann, W. Coblenz, F. Schlette, ?, P. Grimm, H. Behrens (von links nach rechts) bei der Besichtigung des Großsteingrabes Leetze Fpl. 2 im Jahre 1966. Foto: G. Wetzel.*

*Das Großsteingrab von Leetze Fpl. 2 um 1890 bei der Aufnahme durch E. Krause und O. Schoetensack.*

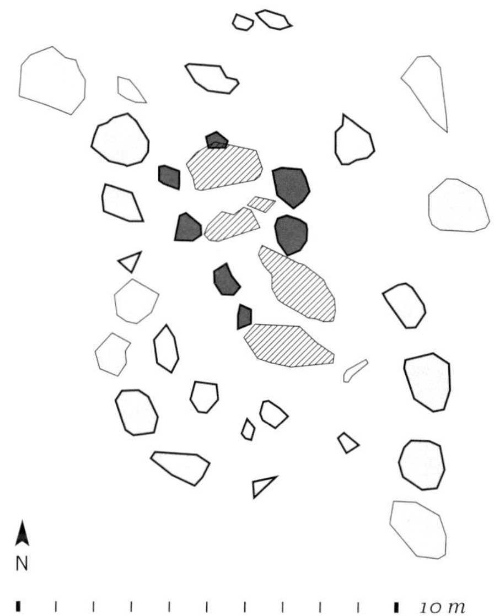

# Leetze

*Fundplatz 3*

## 19

**LAGE**: ca. 60 m südöstlich vom Grab Leetze Fpl. 2 auf einem Feld an einem sehr sanften Nordhang. Zu diesem Grab führt kein Weg.

**ERHALTUNG**: gut; die meisten Steine vorhanden, Decksteine z. T. eingesunken.

**GRABUMFASSUNG**: Nord-Süd orientiert, Außenmaße: 28,7 m lang (ohne »Wächter«), 8,1–8,9 m breit, fast rechteckig. 33 Umfassungssteine erhalten, die etwa 1,0–1,5 m aus der Erde herausragen, davon zwei zersprungen. Vor jeder Ecke der Umfassung befand sich ein aufrecht stehender großer Stein (»Wächter«). Davon sind heute jedoch nur noch drei vorhanden. Größe der Wächtersteine: 2,3 m x 2,0 m x 0,6 m bzw. 2,3 m x 0,8 m x mind. 0,8 m.

*Das Großsteingrab Leetze Fpl. 3 am 22. 4. 1932. Foto: W. Sudhoff.*

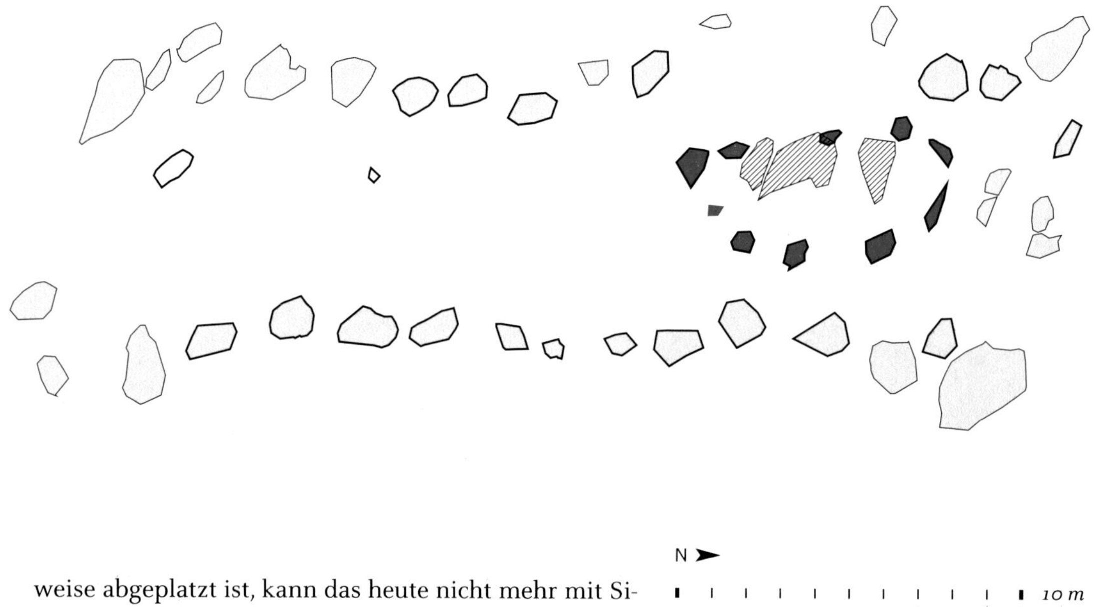


**KAMMER**: Nord-Süd orientiert, Lage im nördlichen Teil der Umfassung. Innenmaße: 6,8 m lang, 2,5 m breit, rechteckig. Zehn Wandsteine und drei von ehemals vier Decksteinen erhalten. Maximale Decksteingröße: 2,0 m x 1,0 m x 0,3 m bzw. mind. 1,9 m x 1,5 m x 0,5 m.

**SCHÄLCHEN UND RINNEN**: Auf dem 5. Umfassungsstein der östlichen Längsseite (von Süden) befinden sich zwei Rinnen und zwei Schälchen, davon eines sehr verwittert und auf dem Grat. Das andere Schälchen ist rund (Durchmesser 14 cm) und 5 cm tief. Eine Rinne ist ca. 55 cm lang, 6 cm breit, 4 cm tief und halbrund, die andere ca. 22 cm lang, 6 cm breit, 7 cm tief und spitz. Möglicherweise standen die Schälchen mit den Rinnen in Verbindung. Da der Stein sehr grobkristallin und teilweise abgeplatzt ist, kann das heute nicht mehr mit Sicherheit festgestellt werden.

**HÜGEL**: länglich, ursprünglich nur innerhalb der Umfassung, inzwischen über die Umfassungssteine hinaus geflossen. Höhe 0,7 m.

**TYP**: Großdolmen mit vier Wandsteinpaaren und einer rechteckigen Umfassung.

(Danneil 1843, 107 Nr. 73 | Krause / Schoetensack 1893, 150 Nr. 109, Taf. VI,109; VII,109)

*Leetze Fpl. 1, Fpl. 2 und Fpl. 3.*

# Leetze

*Fundplatz 4*

## 20

**LAGE**: ca. 170 m südsüdöstlich vom Grab Leetze Fpl. 3, ca. 50 m nördlich des Weges Leetze – Gieseritz auf einem eingezäunten Grundstück. Bitte die Anwohner fragen!

**ERHALTUNG**: mittelmäßig; Umfassungssteine und zwei Decksteine fehlen, ein weiterer ist zertrümmert. Die Wandsteine sind fast alle nach außen gekippt.

**GRABUMFASSUNG**: Form und Ausdehnung nicht erkennbar, da bis auf zwei Steine keine Reste der Umfassung vorhanden sind.

**KAMMER**: Nord-Süd orientiert, Innenmaße: 6,4 m lang, 1,4 – 2,8 m breit, birnenförmig. Die Höhe der Kammer innen vom Pflaster bis zur Decke betrug nach Aussage der Grabungsbefunde von Fischer 1938 (Ortsakten LDA Halle [Saale]) mindestens 1,3 m (heute sichtbar 0,9 m). Alle zwölf Wandsteine und zwei von fünf Decksteinen sind zu sehen. Größe der Decksteine (nach Aussage des Ausgräbers): 2,3 m x 1,5 m x 0,5 m bzw. 1,7 m x 1,2 m x 0,5 m. Bei der Ausgrabung 1938 waren noch drei Decksteine erhalten. Deck- und Wandsteine bestehen aus Gneis und Granit (Plan S. 101 zeigt den Zustand des Grabes vor der Ausgrabung 1938).

**ZUGANG**: trotz Ausgrabung konnte die Lage des Zugangs nicht eindeutig ermittelt werden. Möglicherweise befand er sich mittig an der östlichen Langseite in einer Lücke zwischen den Wandsteinen.

**HÜGEL**: ovaler Steinhügel, ca. 11,0 m x 8,0 m. Erhaltene Höhe 0,5 m.

**TYP**: Großdolmen mit fünf Wandsteinpaaren und Umfassung.

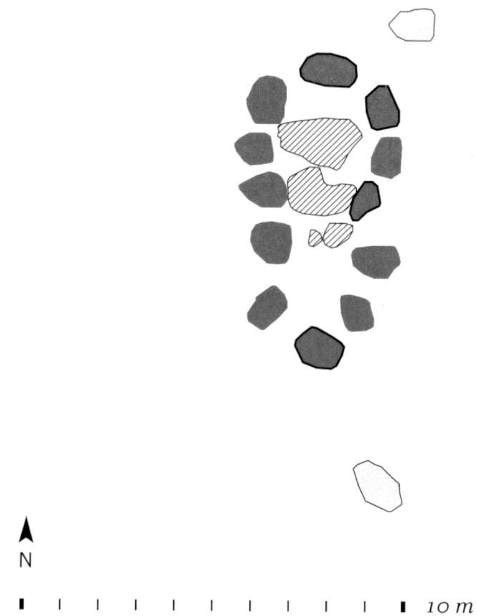

Dieses Grab wurde wie Leetze Fpl. 1 ebenfalls im Sommer 1938 unter der Leitung von U. Fischer, damalige Landesanstalt für Volkheitskunde in Halle (Saale), untersucht. Während Krause / Schoetensack 1893 und Sudhoff um 1930 nur die zwölf Wandsteine und einen Deckstein sahen, konnte Fischer Reste einer Umfassung und zwei weitere Decksteine dokumentieren. Auf dem Boden der Grabkammer befand sich auch hier ein Bodenpflaster aus Sandsteinplatten, jedoch deutlich weniger sorgfältig als das Pflaster von Leetze Fpl. 1 angelegt.

*Abtransport eines Decksteins durch die Arbeiter 1938.*

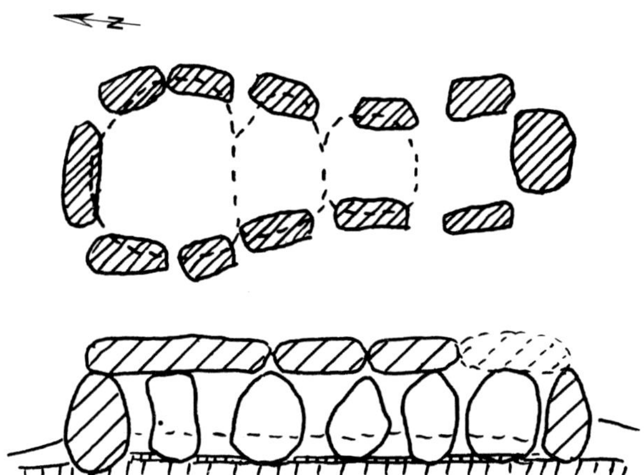

*Rekonstruktion der Grabanlage im Grundriss und im Längsschnitt.*

Darüber eine Schotterschicht aus Granitgrus, auf der die einzigen Funde der Ausgrabung lagen: zwei sehr schlecht erhaltene menschliche Langknochen und einige Feuersteinabschläge.

(Danneil 1843, 120 Nr. 74 | Krause / Schoetensack 1893, 150 Nr. 110, Taf. VI,110; VII,110 | Fischer 1939, v.a. 6 | Fischer 1956, 68 ff. | Preuß 1980, 101)

# Leetze

*Fundplatz 5*

## 21

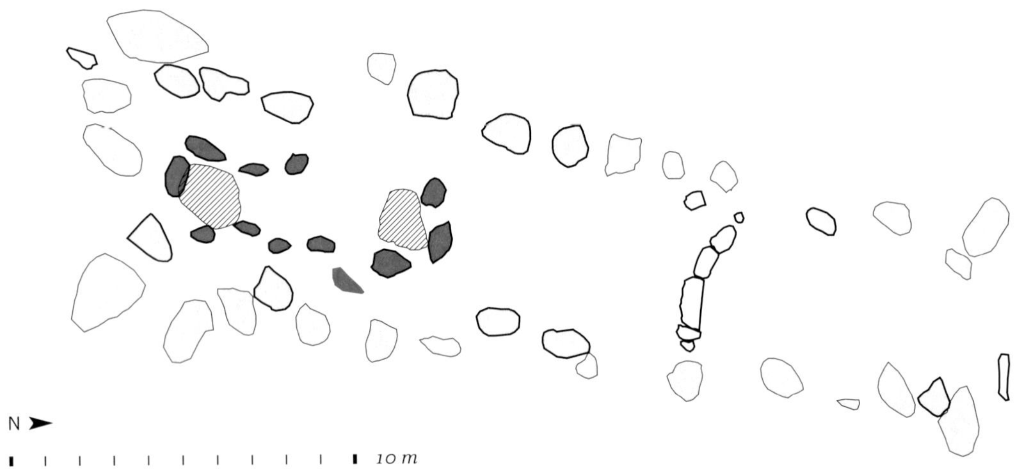


**LAGE**: ca. 85 m südlich vom Grab Leetze Fpl. 4 am Waldrand, unmittelbar südlich am Hauptweg von Leetze nach Gieseritz, neben einem hier beginnenden Waldweg.

**ERHALTUNG**: mittelmäßig; ein Teil der Kammersteine fehlt, viele Wand- und Umfassungssteine umgefallen, die beiden erhaltenen Decksteine sind herabgestürzt.

**GRABUMFASSUNG**: Nordnordwest-Südsüdost orientiert, rekonstruierte Außenmaße: 24 m lang, 6,5–5,0 m breit, trapezförmig. 34 von ehemals wahrscheinlich 37 Umfassungssteinen sind erhalten. Vor jeder Ecke der Umfassung ein ehemals aufrecht stehender großer Stein (»Wächter«). Im südlichen Bereich sind die Umfassungssteine und »Wächter« deutlich größer als im nördlichen Teil. Größe der »Wächter« an der südlichen Schmalseite: 2,5 m x 1,7 m x mind. 0,8 m (SO-Ecke) bzw. 3,0 m x 1,7 m x 0,8 m (SW-Ecke); Größe der »Wächter« an der nördlichen Schmalseite: 2,1 m x 1,4 m x 0,7 m (NO-Ecke) bzw. 1,8 m Höhe (NW-Ecke; die übrigen Maße sind nicht feststellbar).

*Das Großsteingrab Leetze Fpl. 5 am 2. 3. 1930. Foto: W. Sudhoff.*

**KAMMER**: Nordnordwest-Südsüdost orientiert, Lage im südlichen Teil der Umfassung. Innenmaße: 7,0 m lang, 1,6 m breit, rechteckig. Zwölf von ehemals wahrscheinlich 14 oder 15 Wandsteinen und zwei der fünf oder sechs Decksteine sind erhalten. Maximale Decksteingröße: 2,0 m x 1,8 m x 0,5 m.
**HÜGEL**: länglich, inzwischen über die Umfassungssteine hinaus geflossen. Höhe: noch 0,7 m.
**TYP**: Großdolmen mit sechs Wandsteinpaaren und einer trapezförmigen Umfassung.

Innerhalb der Umfassung befindet sich ein Steinriegel (Steinbank), der heute das Hünenbett unterteilt. Dabei handelt es sich jedoch um jüngere Einbauten, nicht um ein ursprüngliches Konstruktionselement des Großsteingrabes. Blasius (1904) erwähnt dieses Grab als ein »... von Seiten des Besitzers, des Freiherrn von Knesebeck auf Tylsen, ... durch eine Steinbank geschmücktes Hünenbett.«

(Danneil 1843, 107 Nr. 75 | Krause / Schoetensack 1893, 150f. Nr. 111, Taf. VI,111; VII,111 | Blasius 1904, 98)

*Leetze Fpl. 5.*

# Leetze

*Fundplatz 6*

## 22

*Leetze Fpl. 6, Zwickelfüllungen in der Grabkammer. Foto: U. Fischer 1939.*

**LAGE**: ca. 360 m südlich von Leetze Fpl. 5 an dem gleichen Waldweg.

**ERHALTUNG**: gut, fast alle Steine sind noch vorhanden. Nach der Ausgrabung 1939 wurde das Grab teilweise vom Grabungsleiter U. Fischer wieder rekonstruiert; z. B. wurden zwei Decksteine auf den Südteil der Kammer und ein Deckstein auf den Gang aufgelegt, was aber nicht der zeichnerischen Rekonstruktion entspricht. Die übrigen Decksteine liegen neben der Kammer, aber innerhalb der Umfassung. Das Zwickelmauerwerk ist ebenfalls noch an einigen Stellen sichtbar.

**GRABUMFASSUNG**: Nord-Süd orientiert. Außenmaße: 37,5 m lang, 7,5–4,5 m breit; trapezförmig. Insgesamt 48 von ehemals 50 Umfassungssteinen sind erhalten. Höhe 0,5–2,5 m. An den Ecken befinden sich besonders große »Wächtersteine«, Größe: im Norden (nach Angaben des Ausgräbers) 2,4 m x 1,55 m sowie 2,25 m x 1,2 m x 0,95 m und im Süden der Anlage 2,3 m x 1,8 m x 0,9 m sowie 2,2 m Höhe.

**KAMMER**: Nord-Süd orientiert, Lage im nördlichen Teil der Umfassung. Innenmaße: 7,5 m lang, 1,5–1,0 m breit, trapezförmig; Höhe der Kammer innen 1,4–1,5 m vom Pflaster bis zur Decke. Alle 14 Wandsteine und fünf von ehemals sechs Decksteinen sind erhalten. Maximale Decksteingröße 2,2 m x 1,1 m x 1,3 m (Plan S. 108 zeigt den Zustand des Grabes während der Ausgrabung 1939).

**ZUGANG**: etwa mittig auf der östlichen Seite der Kammer ein Gang, Ost-West orientiert. Innenmaße: 3,0 m lang, 0,7 m breit, 0,9–1,1 m hoch. Alle drei Wand- und zwei Decksteine und die beiden »Verschlusssteine« an der Umfassung und in der Kammer sind erhalten.

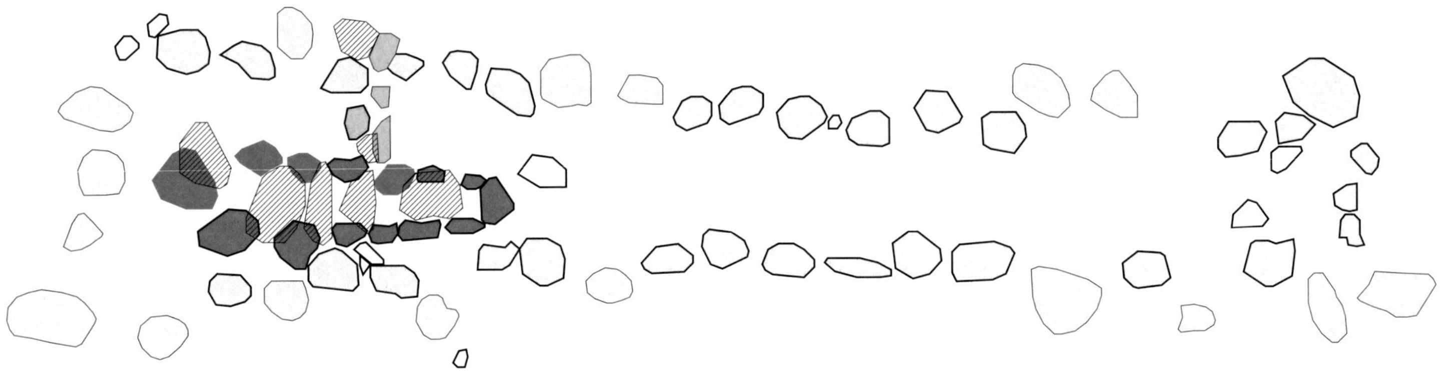


**HÜGEL**: der ursprünglich vorhandene Hügel zwischen den Umfassungssteinen ist inzwischen z. T. nach außen geflossen; Höhe ca. 1,2 m.

**TYP**: trapezförmiges Ganggrab mit sechs Wandsteinpaaren und trapezförmiger Umfassung.

Leetze Fpl. 6 ist eines der größten erhaltenen Großsteingräber der Altmark. Das Grab wurde 1939 unter der Leitung von U. Fischer, damalige Landesanstalt für Volkheitskunde in Halle (Saale), untersucht und anschließend wieder aufgebaut. Die Ausgrabungen erbrachten folgende Ergebnisse:

Ursprünglich war nur ein langgestreckter Erddamm sichtbar, begrenzt durch die Umfassung aus mächtigen Steinblöcken. Die Erdfüllung wurde vermutlich bis zur Oberkante der Umfassungssteine aufgeschüttet, so dass die Decksteine der Kammer diese nur wenig überragten. Bei nur geringer Dammböschung war die Kammer ganz von Erde bedeckt. Von außen waren nur die Blöcke der Grabumfassung und vielleicht die Decksteine zu sehen. Umfassung und Grabkammer gleichen die Neigung des Geländes in Längsrichtung durch wachsende Höhe der Steine aus, so dass diese auf der Bergseite nur ca. 0,5 cm, auf der Talseite dagegen 2,5 m hoch waren. Die glatten

*Grabungsleiter U. Fischer während der Ausgrabung 1939.*

Seiten der Findlinge bilden jeweils die Schauseite, d.h. bei den Umfassungssteinen ist sie außen, bei den Wand- und Decksteinen von Kammer und Gang innen. In den Zwischenräumen waren sie durch plattiges Trockenmauerwerk zu einer einheitlichen Wand verbunden. Den Boden von Grabkammer und Gang bedeckten mehrere Lagen aus Feldsteinen und Granitgrus. Wie bei den altmärkischen Großsteingräbern üblich, kamen nur wenige Funde zutage. Aus der Kammer stammen (ohne dass eine stratigraphische Trennung möglich war) Scherben der altmärkischen Tiefstichkeramik und der Kugelamphorenkultur, eine Bernsteinperle, ein Spinnwirtel und eine Pfeilspitze; unmittelbar vor dem Gang und in der Hügelschüttung fanden sich weitere Scherben der Tiefstichkeramik und der Kugelamphorenkultur.

*Leetze Fpl. 6, Bodenpflaster im Innern der Grabkammer während der Ausgrabung 1939. Foto: U. Fischer.*

Das Großsteingrab liegt westlich eines vorbeiführenden alten Weges. Auf dieser Seite des Weges verlaufen parallel zum Grab Wölbäcker (in Nord-Südrichtung), ohne das Grab zu tangieren. Auf der östlichen Seite des Weges verlaufen die Wölbäcker von Ost nach West, d.h. bis an den Weg auf die Längsseite des Grabes zu. Die Umfassung der Anlage wurde durch die Wölbäcker nicht gestört.

(Danneil 1843, 107f. Nr. 76 | Krause / Schoetensack 1893, 151 Nr. 112 | Fischer 1939, v.a. 6ff. | Fischer 1956, 68ff. Taf. 23 | Preuß 1980, 101f. Taf. 2,2–12, Abb. 23 | Beier 1988, 92 Taf. 1,6–21)

# Leetze

*Fundplatz 7*

## 23

*Das Großsteingrab Leetze Fpl. 7 am 22.4.1932. Foto: W. Sudhoff.*

**LAGE**: ca. 220 m südsüdöstlich vom Grab Leetze Fpl. 6 im Wald. Sichtbar, aber nicht direkt zugänglich, von einen südlich verlaufenden Waldweg aus.

**ERHALTUNG**: mittelmäßig; die Wandsteine stehen fast alle aufrecht, die z. T. zersprungenen Decksteine liegen jedoch außerhalb der Kammer.

**GRABUMFASSUNG**: nicht erkennbar, war möglicherweise nie vorhanden.

**KAMMER**: Nordwest-Südost orientiert; Innenmaße: 4,4 m lang, 1,3 m breit, rechteckig. Zehn Wandsteine und zwei Decksteine erhalten; Größe: 1,9 m x 1,0 m x mind. 0,3 m (Fragment nördlich der Kammer) bzw. mind. 1,7 m x 1,3 m x 0,4 m (südlich der Kammer).

**ZUGANG**: bei zwei parallel stehenden kleineren Steinen an der Südostecke handelt es sich möglicherweise um einen kurzen Gang, Breite: 0,5 m.

**HÜGEL**: Nordwest-Südost orientiert, oval, 15,0 m lang, 11,5 m breit, 1,0 m hoch.

**TYP**: Ganggrab mit vier Wandsteinpaaren, wahrscheinlich ohne Umfassung.

Im ganzen Wald befinden sich Nord-Süd verlaufende Wölbäcker, die aber den Hügel auslassen. Möglicherweise ein Hinweis darauf, dass das Großsteingrab niemals eine Umfassung besaß.

(Danneil 1843, 108 Nr. 77 | Krause / Schoetensack 1893, 151 Nr. 113)

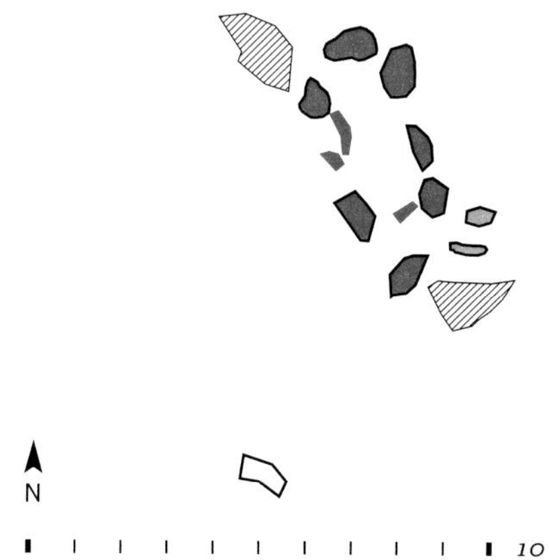

# Leetze

*Fundplatz 8*

## 24

**LAGE**: ca. 80 m südwestlich vom Grab Leetze Fpl. 7 im Wald, vom südlich verlaufenden Waldweg aus zu sehen, aber ebenfalls nicht direkt erreichbar.

**ERHALTUNG**: mittelmäßig; mehrere Steine liegen nicht mehr in Originallage.

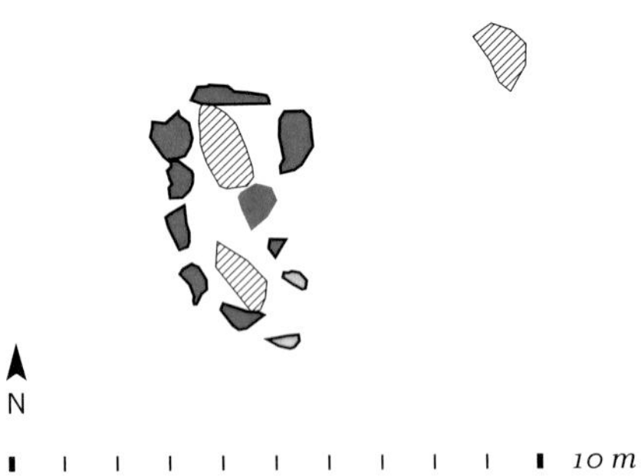

*Das Großsteingrab von Leetze Fpl. 8 um 1890 bei der Aufnahme durch E. Krause und O. Schoetensack.*

**GRABUMFASSUNG**: nicht erkennbar. Laut Krause und Schoetensack (1893, 151) befand sich um die Kammer eine doppelte ovale oder runde Umfassung, von der jedoch heute nichts mehr vorhanden ist.

**KAMMER**: Nord-Süd orientiert; Innenmaße: 4,0 m lang, 1,5 m breit, noch 0,7 m hoch, polygonal? Neun Wandsteine und zwei in die Kammer eingesunkene Decksteine erhalten; maximale Decksteingröße: 1,7 m x 0,8 m x 0,5 m. Ein weiteres abgesprengtes Decksteinfragment befindet sich außerhalb der Kammer in ca. 5 m Entfernung.

**ZUGANG**: bei zwei parallel stehenden kleineren Steinen an der Südostecke handelt es sich möglicherweise um einen Gang, Breite innen 0,9 m.

**HÜGEL**: Nord-Süd orientiert, fast rund; 14,0 m lang, 13,5 m breit.

**TYP**: Ganggrab mit vier Wandsteinpaaren.

Wie bei den Gräbern Leetze Fpl. 6 und Fpl. 7 befinden sich auch hier Nord-Süd verlaufende Wölbäcker, die den Hügel auslassen; möglicherweise wiederum ein Hinweis darauf, dass die Umfassung des Grabes rund gewesen sein kann, aber keinesfalls einen größeren Umfang als der Hügel besaß.

(Danneil 1843, 108 Nr. 77 | Krause / Schoetensack 1893, 151 Nr. 114, Taf. VI,114)

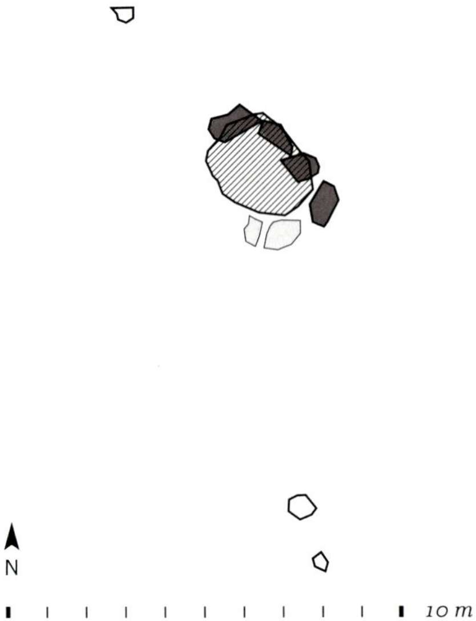


# Lüdelsen

*Fundplatz 1*

## 25

**LAGE**: 2,2 km nordöstlich von der Ortsmitte Lüdelsen, 40 m nördlich der Straße nach Stöckheim im Feld, ohne Weg. Südhang, ca. 200 m nördlich des Flüsschens Hartau.

**ERHALTUNG**: gut; die Kanten des Hügels sind angepflügt, so dass er heute eine spitzovale Form aufweist.

**GRABUMFASSUNG**: vermutlich nie vorhanden.

**KAMMER**: Nordwest-Südost orientiert; innen 2,5 m lang, 1,2 m breit; polygonal; sichtbare Höhe innen 0,6 m. Sechs der ehemals acht Wandsteine und der Deckstein sind erhalten. Die Hügelschüttung bedeckt noch zum größten Teil die Wandsteine der Kammer. Größe des Decksteins: 2,9 m x 2,2 m x 1,0 m. Die Anordnung der Wandsteine richtet sich nach der Form des beeindruckenden Decksteines; dadurch entstand die Polygonalform der Kammer.

**SCHÄLCHEN**: Auf dem Deckstein sehr viele überwiegend runde Schälchen; Durchmesser des größten Schälchens 9 cm, Tiefe 2,5 cm. Zwei Schälchen sind oval (Größe 13 cm x 6 cm bzw. 8 cm x 6 cm).

**HÜGEL**: Nordwest-Südost orientiert, oval (heute spitzoval), 20,0 m lang, 8,6 m breit, Höhe 1,8 m (von Süden aus gemessen) bzw. 0,8 m (von Norden aus gemessen).

**TYP**: polygonaler Großdolmen mit zwei Wandsteinpaaren, wahrscheinlich ohne Umfassung.

Wie auch in Leetze scheinen sich die Gräber von Lüdelsen entlang eines hier in Ost-Westrichtung verlaufenden Weges aufzureihen, der parallel zu dem nach Süden hin abfallenden Hang und dem 200 m entfernten Flüsschens Hartau verläuft. Möglicherweise deckte sich dieser rekonstruierte alte Weg in etwa mit dem heutigen Straßenverlauf.

(Danneil 1843, 110f. Nr. 94 | Krause / Schoetensack 1893, 153 Nr. 131 Taf. VI,131; VII,131; XI,131 | Kelch 2002, 460)

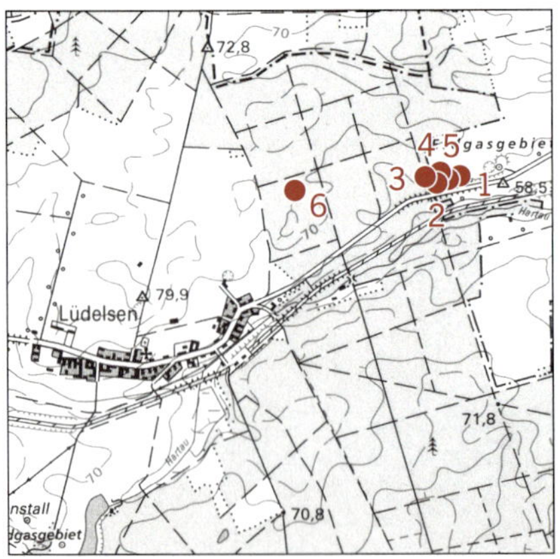


*Lage der Großsteingräber von Lüdelsen Fpl. 1–6.*

*Das Großsteingrab von Lüdelsen Fpl. 1 um 1890 bei der Aufnahme durch E. Krause und O. Schoetensack.*

# Lüdelsen

*Fundplatz 2*

## 26

**LAGE**: 2,1 km nordöstlich der Ortsmitte Lüdelsen, unmittelbar nördlich der Straße nach Stöckheim an einem Südhang.

**ERHALTUNG**: mittelmäßig; durch Zerstörungen während des Straßenbaus fehlen zahlreiche Wand- und Umfassungssteine oder sind umgestürzt. Möglicherweise wurde das Grab in der Kammermitte ausgenommen. Die Decksteine sind in die Kammer eingesunken und zerbrochen.

**GRABUMFASSUNG**: Ost-West orientiert, Länge nicht rekonstruierbar, 8,5 m breit, vermutlich oval. Noch elf Umfassungssteine vorhanden.

**KAMMER**: Ost-West orientiert; Innenmaße: mind. 3,5 m lang, 1,6 m breit; rechteckig; Höhe innen 1,0 m. Sechs Wandsteine und Reste von zwei zerbrochenen Decksteinen, die in Längsrichtung der Kammer lagen, sind erhalten. Maximale Decksteingröße: 2,7 m x 1,9 m x 1,1 m. Die östlichen Deck- und Wandsteine sind deutlich höher und breiter als die westlichen.

**SCHÄLCHEN**: Auf der Südseite des zerbrochenen Decksteines befinden sich ca. elf runde Schälchen, Dm. 3–5 cm, bis 2 cm tief.

**HÜGEL**: länglich, durch den Straßenbau stark gestört bzw. aufgeschüttet, an einigen Stellen eingetieft.

**TYP**: Großdolmen mit drei Wandsteinpaaren und ovaler Umfassung.

(Danneil 1843, 111 Nr. 96 | Krause / Schoetensack 1893, 153 Nr. 133 Taf. VI,133; VII,133 | Kelch 2002, 460)

*Das Großsteingrab von Lüdelsen Fpl. 2 um 1890 bei der Aufnahme durch E. Krause und O. Schoetensack.*

*Foto: B. Fritsch 2004.*

# Lüdelsen

*Fundplatz 3*

## 27

**LAGE**: 2,1 km nordöstlich von Lüdelsen, ca. 60 m nördlich der Straße nach Stöckheim an einem Waldweg. Südhang.

**ERHALTUNG**: wahrscheinlich gut. Durch die Anlage des Waldweges ist der Hügel teilweise gestört. Nur zwei Wandsteine und die Decksteine sind zu sehen.

**GRABUMFASSUNG**: nicht erkennbar, möglicherweise nie vorhanden.

**KAMMER**: Westnordwest-Ostsüdost orientiert; zwei Deck- und zwei Wandsteine sichtbar. Die Größe kann nur über die Decksteine rekonstruiert werden. Außenmaße der Kammer: mind. 3,9 m lang, 1,8 m breit. Größter Deckstein: 2,4 m x 1,8 m x 1,0 m, zweiter Deckstein: 2,2 m x 1,5 m x 1,1 m.

**SCHÄLCHEN**: Auf der Südwestseite des westlichen Decksteines drei runde Schälchen, Dm. 5–7 cm, Tiefe bis 1,5 cm.

**HÜGEL**: Nordwest-Südost orientiert, oval. Wegen der Störung bei Anlage des Weges kann nur der nordost-südwestliche Durchmesser angegeben werden: ca. 10,0 m. Erhaltene Höhe des Hügels 0,9 m. Die Hügelpackung besteht vermutlich vor allem aus Steinen. Der Hügel bedeckt die Kammer noch fast vollständig.

**TYP**: Großdolmen, wahrscheinlich ohne Umfassung.

(Krause / Schoetensack 1893, 153 | Kelch 2002, 460)

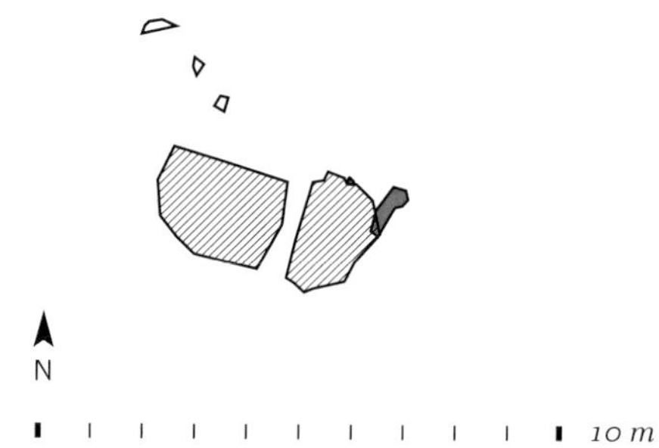

*Foto: B. Fritsch 2004.*

# Lüdelsen

*Fundplatz 4*

## 28

**LAGE**: 2,1 km nordöstlich der Ortsmitte Lüdelsen zwischen Lüdelsen Fpl. 3 und Fpl. 5; 50 m nördlich der Straße nach Stöckheim im Wald; über den Waldweg und einen von dort abzweigenden Pfad gut zugänglich. Leichter Südhang.

**ERHALTUNG**: mittelmäßig; ein Wandstein und zwei Decksteine fehlen; der erhaltene Deckstein ist eingesunken.

**GRABUMFASSUNG**: nicht erkennbar.

**KAMMER**: Ost-West orientiert; Innenmaße: 3,3 m lang, 1,4 m breit; rechteckig oder trapezförmig. Sieben von ehemals acht Wandsteinen und einer von vermutlich drei Decksteinen sind vorhanden. Größe des Decksteins: 1,8 m x 1,1 m.

**RINNE**: Auf dem nordwestlichen Kammerstein (Größe ca. 70 cm x 60 cm) befindet sich eine breite Rinne mit dreieckigem Profil. Die Rinne läuft nach Westen hin aus, dürfte aber natürlichen Ursprungs sein.

**HÜGEL**: nicht erkennbar.

**TYP**: Großdolmen mit drei Wandsteinpaaren.

(Danneil 1843, 111 Nr. 95? | Krause / Schoetensack 1893, 153 Nr. 132, Taf. VI,132; VII,132)

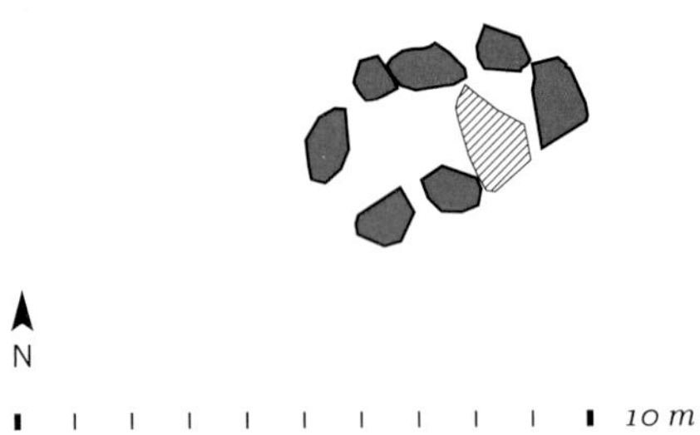

*Foto: B. Fritsch 2004.*

*Das Großsteingrab Lüdelsen Fpl. 4 am 2.9.1930. Foto: W. Sudhoff.*

# Lüdelsen

*Fundplatz 5*

## 29

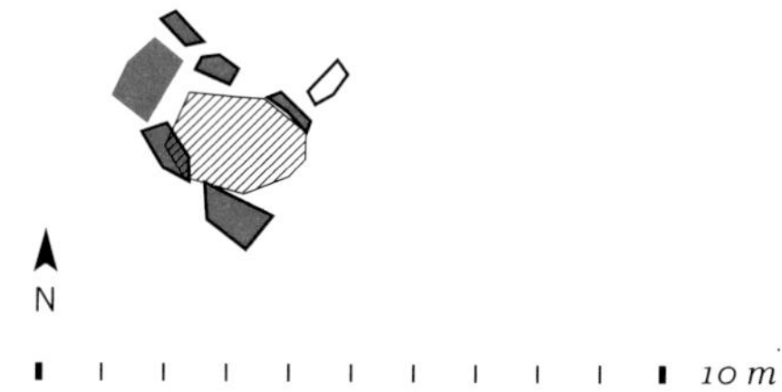


**LAGE**: 2,2 km nordöstlich der Ortsmitte zwischen Lüdelsen Fpl. 1 und 4; 50 m nördlich der Straße nach Stöckheim, vom Waldweg aus über einen Pfad gut zugänglich. Leichter Südhang.

**ERHALTUNG**: mittelmäßig. Zwei Wandsteine und ein Deckstein fehlen, der Hügel ist zerflossen. Der vorhandene Deckstein ist eingesunken und liegt längs auf der Kammer.

**GRABUMFASSUNG**: möglicherweise gehört ein in der Nähe liegender Stein zu einer ehemals vorhandenen Umfassung.

**KAMMER**: Nordwest-Südost orientiert; Innenmaße: mindestens 2,5 m lang, 1,4 m breit; rechteckig. Sechs von acht Wandsteinen und einer von zwei Decksteinen sind erhalten. Größe des Decksteins: 2,2 m x 1,5 m x 0,8 m.

**SCHÄLCHEN**: Auf der Oberseite des Decksteins mindestens drei künstlich eingetiefte runde, bis 1,5 cm tiefe Schälchen, Dm. 5–6 cm. Daneben noch mehrere sehr flache natürliche Vertiefungen.

**HÜGEL**: Nordwest-Südost orientiert, oval. Höhe: ca. 0,6 m. Die Hügelschüttung reicht noch fast bis zur Oberkante der Wandsteine.

**TYP**: Großdolmen mit drei Wandsteinpaaren.

(Danneil 1843, 111 Nr. 97 | Krause / Schoetensack 1893, 153 Nr. 134 | Kelch 2002, 461)

*Foto: H. Bock 2004.*

*Das Großsteingrab von Lüdelsen Fpl. 5 um 1890 bei der Aufnahme durch E. Krause und O. Schoetensack.*

# Lüdelsen

*Fundplatz 6*

## 30

*Das Großsteingrab von Lüdelsen Fpl. 6 um 1890 bei der Aufnahme durch E. Krause und O. Schoetensack.*

**LAGE**: ca. 1,4 km nordöstlich der Ortsmitte Lüdelsen auf einer Lichtung im Wald an einem flachen Westhang; gut erreichbar über einen Waldweg, der 600 m hinter Lüdelsen von der Landstraße nach Stöckheim abzweigt.

**ERHALTUNG**: sehr gut. Wenige Umfassungssteine sind umgefallen. Ein Umfassungsstein an der östlichen Schmalseite steht nicht mehr fest, ein weiterer fehlt, ebenso ein Wandstein. Zugang nicht klar erkennbar, da einige Steine nicht sichtbar bzw. verschoben sind.

**GRABUMFASSUNG**: Ost-West orientiert; Außenmaße 35,1 m lang, 5,2–8,5 m breit, in der Mitte schmaler als an beiden Enden. Insgesamt 50 von insgesamt ca. 60 Umfassungssteinen erhalten, fast alle sind außergewöhnlich groß. Drei der vier Ecksteine (»Wächter«) und fünf weitere Umfassungssteine sind umgestürzt. Die Wächter an der Westseite standen vor der eigentlichen Umfassung, beide sind Richtung Umfassung gekippt. Maße der Wächter an der Ostseite: 2,5 m Gesamtlänge, 0,9 m dick (umgestürzter Eckstein) bzw. 2,0 m hoch, 1,7 m

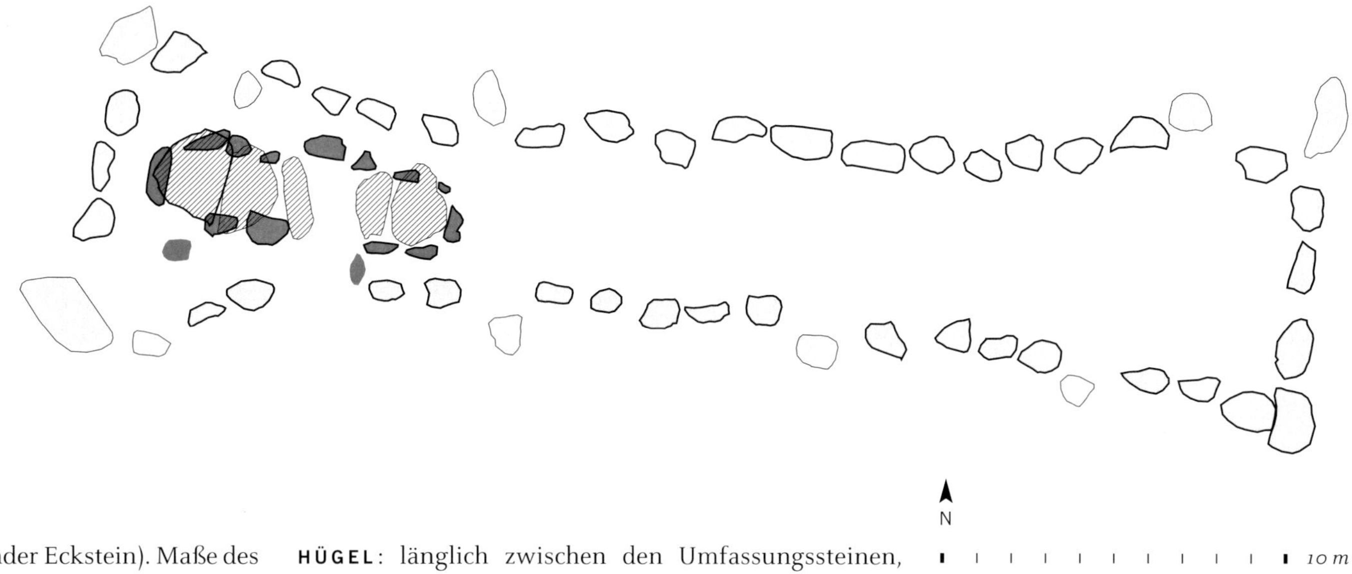


breit, 1,0 m dick (aufrecht stehender Eckstein). Maße des Wächters an der Südwestecke: 2,7 m lang, 1,6 m breit.
**KAMMER**: Ost-West orientiert; Lage im Westteil der Umfassung; Innenmaße 7,9 m lang, 1,7 m breit, 1,1 m hoch; rechteckig. 15 von wahrscheinlich ehemals 16 Wandsteinen und alle fünf Decksteine erhalten, wobei die beiden mittleren Decksteine ganz von den Wandsteinen abgerutscht sind, der östliche Deckstein liegt nur noch an einer Seite auf. Größter Deckstein: 2,2 m x 1,9 m x 0,8 m.
**ZUGANG**: In der Südseite der Kammer befindet sich eine Lücke. Da sich auch in der Umfassung an dieser Stelle eine Lücke befindet, führte wahrscheinlich hier, etwa in der Mitte der Kammer, ein Nord-Süd orientierter Eingang in die Kammer.
**HÜGEL**: länglich zwischen den Umfassungssteinen, Höhe im östlichen Teil: 1,7 m, in der Mitte: 1,2 m.
**TYP**: rechteckiges Ganggrab (?) mit sieben Wandsteinpaaren und trapezförmiger, in der Mitte schmalerer Umfassung.

Bei der im Volksmund als »Königsgrab« bezeichneten Anlage handelt es sich um eines der größten und besterhaltenen Großsteingräber der Altmark. Es liegt zwischen West-Ost verlaufenden Wölbäckern, die das Grab aber nicht tangieren. Auch die Grabumfassung wurde durch die Wölbäcker nicht gestört.

(Danneil 1843, 111 Nr. 100 | Krause / Schoetensack 1893, 153 Nr. 137, Taf. VI,137; VII,137)

# Lüge

*Fundplatz 1*

## 31

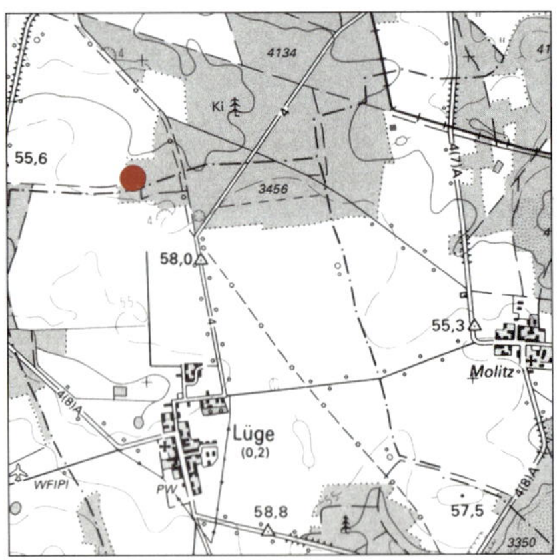


*Lage des Großsteingrabes von Lüge Fpl. 1.*

**LAGE**: 1,7 km nördlich vom Ort, an einem vom Weg nach Ladekath abzweigenden Waldweg in fast ebenem Gelände. Schwierig zu finden.

**ERHALTUNG**: sehr schlecht, Grab und Hügel sind durch Steinentnahmen und »Nach«- oder Raubgrabungen völlig zerstört; nur noch wenige Steine der Grabkammer vorhanden; die Umfassungssteine fehlen völlig. Die Löcher sind z. T. 1,50 m tief.

**KAMMER**: drei Wandsteine in einer Reihe erhalten; Nordost-Südwest orientiert, Länge der Reihe 3,9 m.

**HÜGEL**: ehemals oval. An der Basis des Hügels am Weg sind Rollsteine sichtbar, die auf einen Steinmantel deuten.

**TYP**: ehemals Großdolmen mit drei Wandsteinpaaren und doppelter ovaler Umfassung.

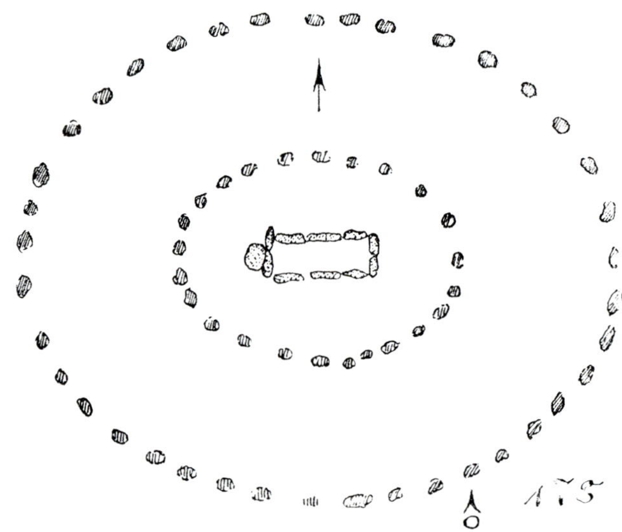

*Rekonstruktionsversuch des Grundrisses von E. Krause und O. Schoetensack 1893.*

*Das Großsteingrab von Lüge Fpl. 1 um 1890 bei der Aufnahme durch E. Krause und O. Schoetensack. Blick in die Kammer.*

Bereits 1893 war das Grab »in Zerstörung begriffen« (Krause / Schoetensack 1893, 161). Krause und Schoetensack konnten jedoch durch Befragung der ansässigen Bevölkerung in Erfahrung bringen, dass die Kammer ursprünglich zentral in einem ovalen Hügel lag und bis auf die Decksteine fast vollständig von Erde bedeckt war. Den Hügel umgaben zwei ovale Steinkreise (größter Durchmesser 24,0 m bzw. 11,5 m). Die Kammer selbst war zu der Zeit noch erhalten, wenn auch die Decksteine bereits fehlten; insgesamt acht flache Wandsteine bildeten ein 3,7 m langes, 1,2 m breites und 1,25 m hohes Rechteck, das Ost-West orientiert war. Außerhalb westlich der Kammer soll ein sehr großer Stein (Menhir) gestanden haben.

Im Wald sind auch heute noch viele Nord-Süd verlaufende Wölbäcker erhalten, die den Hügel auslassen.

(Krause / Schoetensack 1893, 161 Nr. 178, Taf. VI,178; VII,178)

# Mehmke

*Fundplatz 2*

## 32

**LAGE**: ca. 600 m nordöstlich vom Ortskern Mehmke, links der alten Frachtstraße »Braunschweig–Salzwedel«, heute ein befestigter Feldweg; südlich vom Waldgebiet »Mehmker Holz« auf einer eingezäunten Weide nahe am Weg. Nordwesthang.

**ERHALTUNG**: mittelmäßig; ein großer Teil der Umfassungs- und Kammersteine fehlen bzw. liegen nicht mehr am ursprünglichen Platz. Nur der Hügel ist gut zu sehen.

**GRABUMFASSUNG**: Nordost-Südwest orientiert, Außenmaße: mindestens 19,5 m lang und ca. 5,2 m breit, rechteckig? Insgesamt noch 13 Umfassungssteine in größtenteils nicht originaler Lage erhalten.

**KAMMER**: Nordost-Südwest orientiert, im südlichen Teil der Umfassung; Innenmaße: 4,0 m lang, 1,4 m breit; rechteckig. Fünf von ehemals acht Wandsteinen und alle drei Decksteine erhalten, aber ebenfalls umgefallen bzw. eingesunken. Maximale Decksteingröße: 1,9 m x 1,2 m x 0,7 m.

**HÜGEL**: länglich, Nordost-Südwest orientiert; 11,0 m breit, ca. 21,0 m lang, 1,0 m hoch.

**TYP**: Großdolmen mit drei Wandsteinpaaren und wahrscheinlich rechteckiger Umfassung.

(Danneil 1843, 105 Nr. 61 | Krause / Schoetensack 1893, 148f. Nr. 96, Taf. VI,96; VII,96; XI,96)

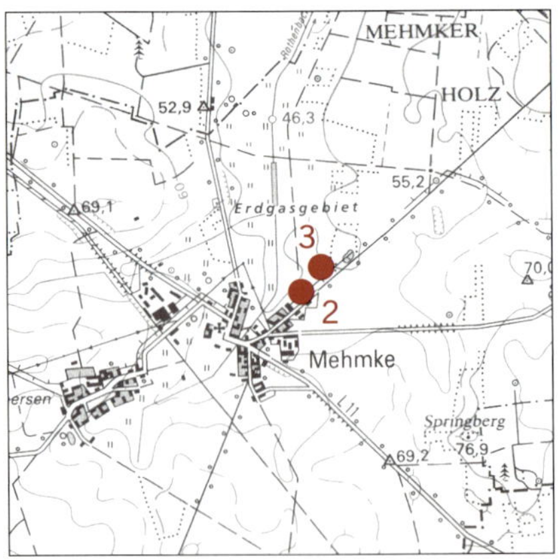


*Lage der Großsteingräber von Mehmke.*

*Das Großsteingrab Mehmke Fpl. 2 um 1890 bei der Aufnahme durch E. Krause und O. Schoetensack.*

# Mehmke

*Fundplatz 3*

## 33

**LAGE**: ca. 150 m nordöstlich vom Großsteingrab Mehmke Fpl. 2 auf der gleichen Weide.

**ERHALTUNG**: sehr schlecht; nur noch wenige Umfassungs- und Kammersteine in regelloser Anordnung.

**GRABUMFASSUNG UND KAMMER**: Nordost-Südwest orientiert. Insgesamt sind noch 14 Steine erhalten, darunter ein aufrecht stehender Wandstein wohl von der Kammer. Die übrigen Steine können nicht zugeordnet werden. Gesamtausdehnung der Anlage: 12,5 m lang, 7,7 m breit.

**HÜGEL**: oval, ca. 0,3 m hoch.

**TYP**: fraglich.

(Danneil 1843, 105 Nr. 62 | Krause / Schoetensack 1893, 149 Nr. 97)

*Das Großsteingrab Mehmke Fpl. 3 am 12. 4. 1932. Foto: W. Sudhoff.*

*Foto: Chr. Friedrichs 2004.*

# Molmke

*Fundplatz 1*

## 34

**LAGE**: ca. 1,4 km westlich von Molmke und 400 m südlich des Günthersberges an einem ganz leichten Nordosthang; in einem Feldgehölz, von einem 200 m südlich vorbeiführenden Weg aus zu sehen, aber nur über das Feld zu erreichen.

**ERHALTUNG**: gut; einige Umfassungssteine im Nordwestteil fehlen, Decksteine sind eingestürzt.

**GRABUMFASSUNG**: Nordwest-Südost orientiert; Außenmaße: noch 27 m lang (rekonstruierte Länge: 28,6 m), 7,0–8,5 m breit; trapezförmig; noch 25 Umfassungssteine, einer davon zerbrochen. An dem Ende, wo sich die Kammer befindet, fehlen die Umfassungssteine. Am südöstlichen Ende stehen zwei »Wächter«, einer davon zerbrochen.

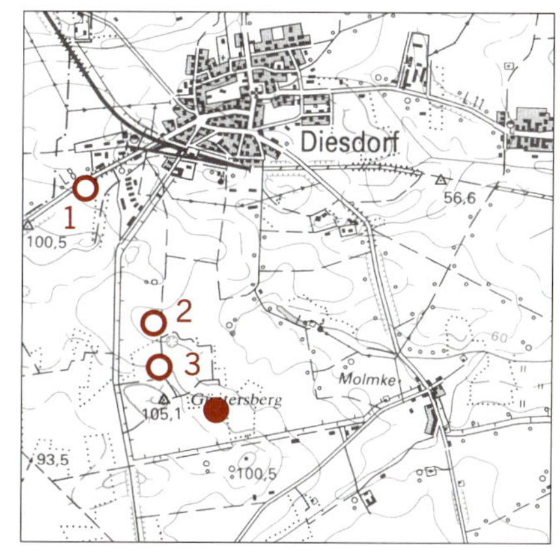


*Lage des Großsteingrabes Molmke Fpl. 1; Kreise: weitere Gräber.*

*Das Großsteingrab Molmke Fpl. 1 um 1890 bei der Aufnahme durch E. Krause und O. Schoetensack.*

**KAMMER**: Nordwest-Südost orientiert, Lage im nordwestlichen Teil der Umfassung; Innenmaße: 9,9 m lang und 3,2–2,1 m breit; trapezförmig. Vermutlich wurden die Wandsteine der nordwestlichen Kammerseite nach außen gedrückt, als die Decksteine herabsanken. Alle 18 Wandsteine und sechs Decksteine sind erhalten, ein Deckstein jedoch zerbrochen und nur zum Teil sichtbar. Maximale Decksteingröße: 2,4 m x mind. 1,5 m x 0,5 m bzw. 2,5 m x mind. 1,2 x 0,7 m. Auffällig ist, dass die Länge der fünf vollständig erhaltenen Decksteine fast identisch ist: abgesehen von einer Ausnahme (2,2 m) messen alle Steine zwischen 2,4 m und 2,5 m.
**HÜGEL**: länglich zwischen den Umfassungssteinen, nur wenig darüber hinaus geflossen. Höhe: 1,3 m.
**TYP**: Großdolmen mit sieben Wandsteinpaaren und trapezförmiger Umfassung.
(Danneil 1843, 102 Nr. 42 | Krause / Schoetensack 1893, 146 Nr. 77, Taf. VI,77; VII,77)

# Nesenitz

*Fundplatz 1*

## 35

**LAGE**: ca. 1,2 km östlich von Nesenitz direkt neben der Straße nach Klötze an einem sanften Nordwest-Hang.
**ERHALTUNG**: mittelmäßig bis schlecht; Umfassung und Kammer unvollständig.
**GRABUMFASSUNG**: Orientierung und Maße sind heute nicht mehr nachvollziehbar, Außenmaße nach Danneil: 7,5 m lang und 3,3 m breit. Heute sind keine Umfassungssteine mehr erhalten.
**KAMMER**: West-Ost orientiert; 1,9 m breit und mindestens 4,0 m lang, Kammerhöhe noch 0,7 m. Fünf Wandsteine und zwei Decksteine erhalten. Maximale Decksteingröße: 2,0 m x 1,3 m x 0,7 m.
**SCHÄLCHEN**: Auf dem westlichen Deckstein befinden sich drei Schälchen (Dm. bis 5 cm, Tiefe bis 1 cm).
**HÜGEL**: unregelmäßig rundlich, Höhe 1,0 m.
**TYP**: wahrscheinlich Großdolmen mit Umfassung.

*Lage des Großsteingrabes Nesenitz Fpl. 1.*

Mitte der 1990er Jahre wurde versucht, einen Deckstein des Grabes zu stehlen. Mittels eines Kranes und umgelegten Seiles sollte ein Stein abgehoben werden. Als ein Bürger den Kranführer zur Rede stellte, verließ er sofort den Ort des Geschehens. Dadurch konnte die weitere Zerstörung des Grabes gerade noch verhindert werden. Der Fall wurde zur Anzeige gebracht.

(Danneil 1843, 115 Nr. 124 | Krause / Schoetensack 1893, 159 Nr. 167, Taf. VI,167; VII,167 | Kelch 2002, 461)

*Das Großsteingrab Nesenitz Fpl. 1 um 1890 bei der Aufnahme durch E. Krause und O. Schoetensack.*

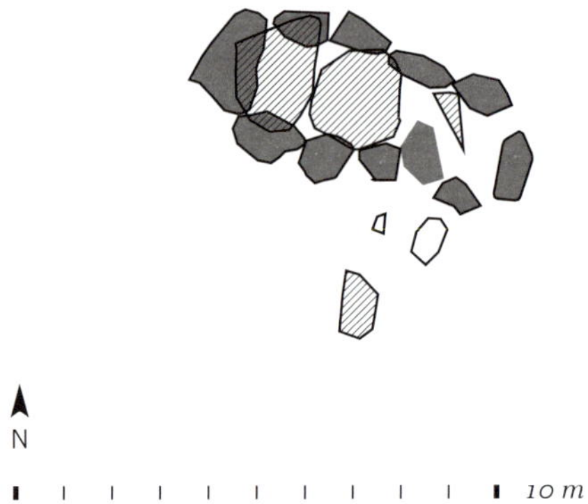


# Nettgau

*Fundplatz 1*

## 36

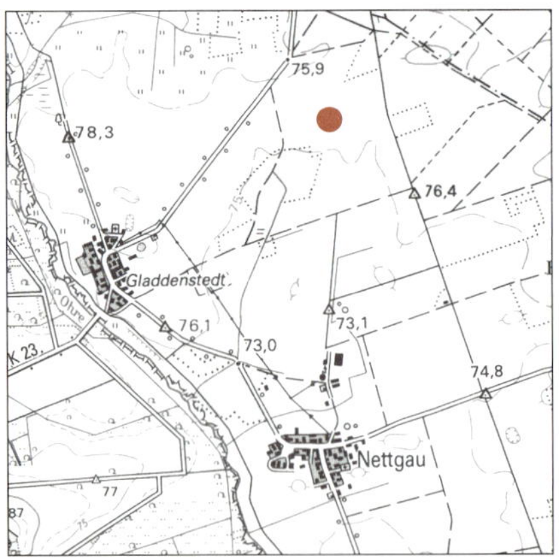


*Lage des Großsteingrabes Nettgau Fpl. 1.*

**LAGE**: 1,5 km nordöstlich von Gladdenstedt, 2,0 km nördlich von Nettgau auf einem Feld nahe einer großen Spanplattenfabrik; auf einer kleinen Anhöhe an einem Westhang. Kein Weg vorhanden.

**ERHALTUNG**: gut. Ein Deckstein herabgestürzt, Fragmente von einem oder zwei weiteren Decksteinen liegen in bzw. außerhalb der Kammer.

**GRABUMFASSUNG**: bereits 1843 nicht mehr vorhanden. Ob zwei südlich der Kammer liegende Steine zur Umfassung oder zu einem Eingang gehörten, kann ohne Untersuchung nicht festgestellt werden.

**KAMMER**: Ostnordost-Westsüdwest orientiert, Innenmaße: 5,3 m lang, 1,5 m breit; rechteckig; Höhe der Kammer innen noch 0,8 m. Alle elf Wandsteine und drei von ehemals wahrscheinlich vier Decksteinen sind erhalten. Möglicherweise handelt es sich bei einem außerhalb der Kammer liegenden Stein um ein weiteres Decksteinfragment. Maximale Decksteingröße: 2,5 m x 1,9 m x 0,8 m.

**HÜGEL**: unregelmäßig oval.

**TYP**: Großdolmen mit vier Wandsteinpaaren.

An diesem Großsteingrab hat es früher einen besonderen Stein, den »Hexenstein«, gegeben. Folgende Sage ist davon überliefert: Ein Imker aus Gladdenstedt wollte seine Bienen in die Heide bringen und hatte seinen Jungen bei sich, der ihm abladen helfen sollte. Als nun beide mit ihrem Gespann an den Hexenstein kamen, stand das

*Das Großsteingrab von Nettgau um 1890 bei der Aufnahme durch E. Krause und O. Schoetensack.*

Pferd auf einmal still und war nicht von der Stelle zu bringen. Als der Vater vom Wagen stieg, sah er zu seinem Erstaunen, dass das Pferd ein Fohlen bekam. Der Junge wurde nun auch neugierig, stieg vom Wagen und sah nach. Im selben Augenblick schlug das Pferd aus und traf den Jungen so unglücklich vor die Stirn, dass er auf der Stelle tot zu Boden stürzte. Zum Andenken ließ der Vater den Huf eines Pferdes und eines Fohlens und ein Kreuz in einen großen Stein einhauen.

Der Stein mit den eingemeißelten »Zeichen« ist nicht mehr vorhanden. Bereits Pohlmann (1901) berichtete darüber: »Der um die altmärkische Geschichte hochverdiente Director Danneil, welcher diese Sage berichtet, hat wie er schreibt, nichts dergleichen gefunden.«

(Danneil 1843, 106, Nr. 63 | Krause / Schoetensack 1893, 149 Nr. 98, Taf. VI,98; VII,98 | Pohlmann 1901, 88f. | Lehrerverband 1908, 151)

# Schadewohl

*Fundplatz 1*

# 37

**LAGE**: 1,5 km südwestlich vom Ortszentrum Schadewohl auf einem Geländerücken, 60 m westlich des Feldweges, der zur Straße Diesdorf-Wittingen führt.

**ERHALTUNG**: mittelmäßig; alle Umfassungssteine fehlen, Wandsteine fehlen z.T. oder sind umgefallen, ein Deckstein fehlt, einer ist in die Kammer gestürzt. Das Umfeld ist in einem sehr schlechten Zustand (Müll- und Lesesteinkippe).

**GRABUMFASSUNG**: heute nicht mehr vorhanden.

**KAMMER**: Nordwest-Südost orientiert, Innenmaße: 8,0 m lang, 1,4–2,0 m breit; vermutlich trapezförmig. Zehn Wandsteine, z.T. fragmentarisch, und vier Decksteine erhalten. Maximale Decksteingröße: 2,7 m x 0,8 m x 0,7 m.

**SCHÄLCHEN UND RINNE**: Der erste Deckstein von Westen weist am Südende eine tiefe Rinne auf; diese ist im Profil fast rechteckig, 3 cm breit, 3,5 cm tief und ca. 1 m lang. Der Stein ist zerborsten und noch 1,6 m lang. Die Rinne erinnert stark an die Rinne im Stöckheimer Deckstein. Auf dem zweiten Deckstein von Westen befinden sich drei flache, runde Schälchen auf dem Grat des Steines (Dm. 4 cm).

**HÜGEL**: nicht erkennbar.

**TYP**: Großdolmen mit sechs Wandsteinpaaren.

(Danneil 1843, 100 Nr. 30 | Krause / Schoetensack 1893, 144 Nr. 59, Taf. VI,59; VII,59 | Kelch 2002, 461)

*Das Großsteingrab Schadewohl Fpl. 1 um 1890 bei der Aufnahme durch E. Krause und O. Schoetensack.*

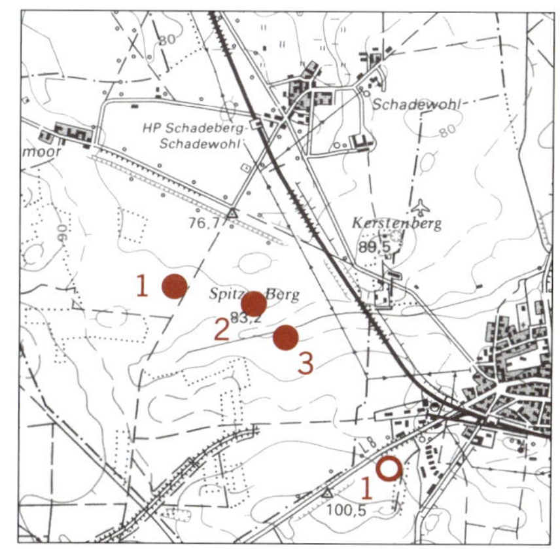


*Lage der Großsteingräber von Schadewohl; Kreis: weiteres Grab.*

*Schadewohl Fpl. 1.*

# Schadewohl

*Fundplatz 2*

# 38

*Das Großsteingrab von Schadewohl Fpl. 2. Zeichner und Entstehungsjahr unbekannt.*

**LAGE**: 1,4 km südlich vom Ortszentrum Schadewohl, 300 m östlich des Feldweges, der zur Straße Diesdorf-Wittingen führt. In einem Feld, ohne Weg. Ca. 150 m westlich des markanten »Spitzen Berges« auf einem Geländerücken.

**ERHALTUNG**: (noch) gut; Grabkammer mit Lesesteinen aufgefüllt. Der westliche Deckstein ist bereits in drei Teile zerbrochen und die kleineren Teile in die Kammer gefallen, der zweite weist im südlichen Teil einen tiefen Riss auf und wird hier möglicherweise ebenfalls bald zerbrechen.

**GRABUMFASSUNG**: nicht erkennbar, evtl. nie vorhanden.

**KAMMER**: Nordwest-Südost orientiert, Innenmaße: 5,7 m lang, 1,5 m breit; rechteckig; Höhe der Kammer innen noch 1,2 m. Neun Wandsteine und zwei Decksteine sind erhalten. Größe der Decksteine: rekonstruierte Länge ca. 3,2 m x 1,6 m Breite und 2,5 m x 1,4 m Breite.

**SCHÄLCHEN**: Auf dem westlichen Deckstein über 30 schlecht sichtbare, runde Schälchen von 4–6 cm Durchmesser und maximal 2 cm Tiefe. Auf dem östlichen Deckstein fünf sehr flache runde Schälchen.

**HÜGEL**: nicht erkennbar.

**TYP**: Großdolmen mit vier Wandsteinpaaren und zwei Decksteinen.

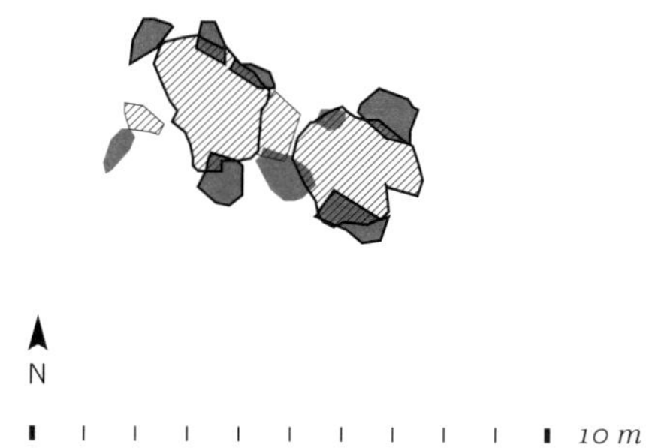

*Das Großsteingrab von Schadewohl Fpl. 2 um 1890 bei der Aufnahme durch E. Krause und O. Schoetensack.*

In der mündlichen Überlieferung handelt es sich bei den Schälchen um die Fingerabdrücke von Riesen, die die Großsteingräber erbauten. Möglicherweise bezieht sich folgende Sage auch auf die Schälchen dieses Grabes, wobei nicht ganz klar ist, warum die Riesen »siebenzehig« gewesen sein sollen (vielleicht war auch »siebenfingrig« gemeint): »Zwischen Diesdorf und Schadeberg liegt eine Feldflur, die ›Riesensprung‹ heißt. Dort lebte einst ein gewaltiges Riesenvolk. Diese Riesen waren nicht nur stark, sondern hatten auch sieben Zehen. Wer mir das nicht glaubt, der mag hingehen und sich die Steine ansehen, die von Riesen in die Gegend zwischen Diesdorf und Schadeberg geschleudert wurden. Auf ihnen sieht man noch deutlich die Abdrücke der Füße mit den sieben Zehen.« (Beranek 1957, 2).

(Danneil 1843, 100 Nr. 28 | Krause / Schoetensack 1893, 143f. Nr. 57, Taf. VI,57; VII,57; IX,57 | Beranek 1957 | Kelch 2002, 461)

# Schadewohl

*Fundplatz 3*

## 39

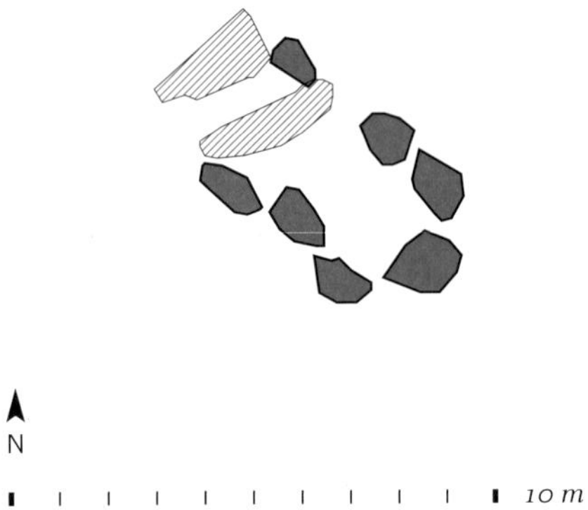

*Das Großsteingrab Schadewohl Fpl. 3 am 22. 10. 1930. Foto: W. Sudhoff.*

**LAGE**: 1,6 km südlich vom Ortszentrum Schadewohl, ca. 600 m südwestlich des Feldweges an einem Nordwesthang, 250 m südlich vom »Spitzen Berg«. Es führt kein Weg zum Grab.

**ERHALTUNG**: mittelmäßig; ein bis zwei Decksteine fehlen; ein Deckstein liegt in der Kammer, ein weiterer davor.

**GRABUMFASSUNG**: nicht vorhanden.

**KAMMER**: Nordwest-Südost orientiert, Innenmaße: ca. 4,7 m lang, 2,0 m breit; rechteckig. Sieben von wahrscheinlich acht Wandsteinen und zwei von drei bis vier Decksteinen sind erhalten. Decksteingröße: 2,4 m x mind. 1,0 m x 0,8 m bzw. 2,5 m x 1,2 m.

**HÜGEL**: oval.

**TYP**: Großdolmen mit drei Wandsteinpaaren.

(Danneil 1843, 100 Nr. 29 | Krause / Schoetensack 1893, 144 Nr. 58, Taf. VI,58; VII,58)

# Steinfeld

*Fundplatz 1*

## 40

*Zeichnung des Großsteingrabes von Steinfeld Fpl. 1. Zeichner und Entstehungsjahr unbekannt.*

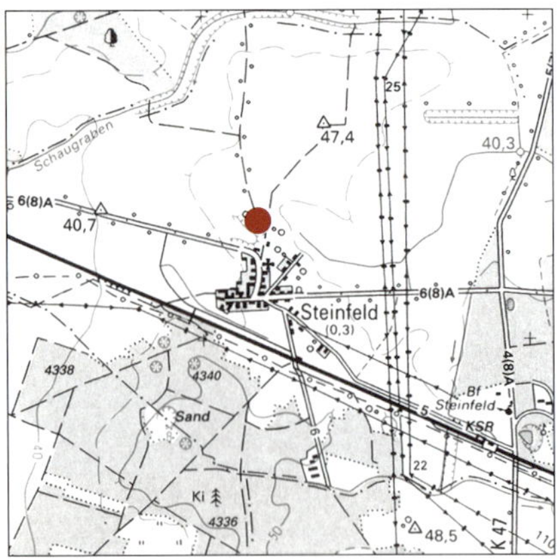


*Lage des Großsteingrabes Steinfeld Fpl. 1.*

**LAGE**: ca. 250 m nördlich der Steinfelder Kirche, am Weg nach Darnewitz. Leichter Südwest-Hang, sehr gut zugänglich.

**ERHALTUNG**: gut; die meisten Steine sind noch vorhanden, jedoch fast alle Umfassungssteine umgestürzt, die meisten Decksteine eingesunken.

**GRABUMFASSUNG**: Nordnordwest-Südsüdost orientiert. Rekonstruierte Außenmaße: 46,5 m lang, 6,5 m (im Norden) bis 4,8 m (im Süden) breit, trapezförmig. Insgesamt 53 von wahrscheinlich ehemals 60 Umfassungssteinen erhalten. Ein weiterer Stein wurde erst in letzter Zeit in eine Lücke gelegt. Die Ecksteine an der südlichen Schmalseite sind außergewöhnlich groß (»Wächter«; 2,3 m x 1,6 m x 0,8 m bzw. 2,5 m x 1,8 m x 0,6 m).

**KAMMER**: Nordnordwest-Südsüdost orientiert, Lage im nördlichen Teil der Umfassung. Innenmaße: 8,5 m lang, 2,0 m breit, rechteckig; Höhe der Kammer innen 1,0 m. Alle 17 Wandsteine und sechs Decksteine sind erhalten. An der nördlichen Schmalseite befinden sich zwei Giebelsteine, im Süden einer. Maximale Größe der Decksteine: 2,2 m x 1,6 m x 0,6 m; aufliegender Deckstein: 2,0 m x 1,5 m x 0,6 m; kürzester Deckstein: 1,8 m lang.

**RILLEN**: Auf der heutigen Oberseite des umgefallenen »Wächtersteines« im Südwesten der Umfassung befinden sich auffällig viele schmale »Wetzrillen«. Zum Teil kreuzen sich Rillen, im Kreuzungspunkt befinden sich kleine runde Vertiefungen. Möglicherweise wies der Stein schon einige natürliche Rillen auf. Mit ziemlicher Sicherheit sind aber eine ganze Anzahl nachgewetzt und dadurch erst so tief ausgearbeitet worden. Ein großer Teil der Rillen ist sogar erst durch das Wetzen entstanden, ähnlich wie an vielen Steinkreuzen und Kirchen.

**HÜGEL**: ursprünglich vorhandener Hügel zwischen den Umfassungssteinen ist vollständig erodiert.

**TYP**: Großdolmen mit sieben Wandsteinpaaren und einer trapezförmigen Umfassung.

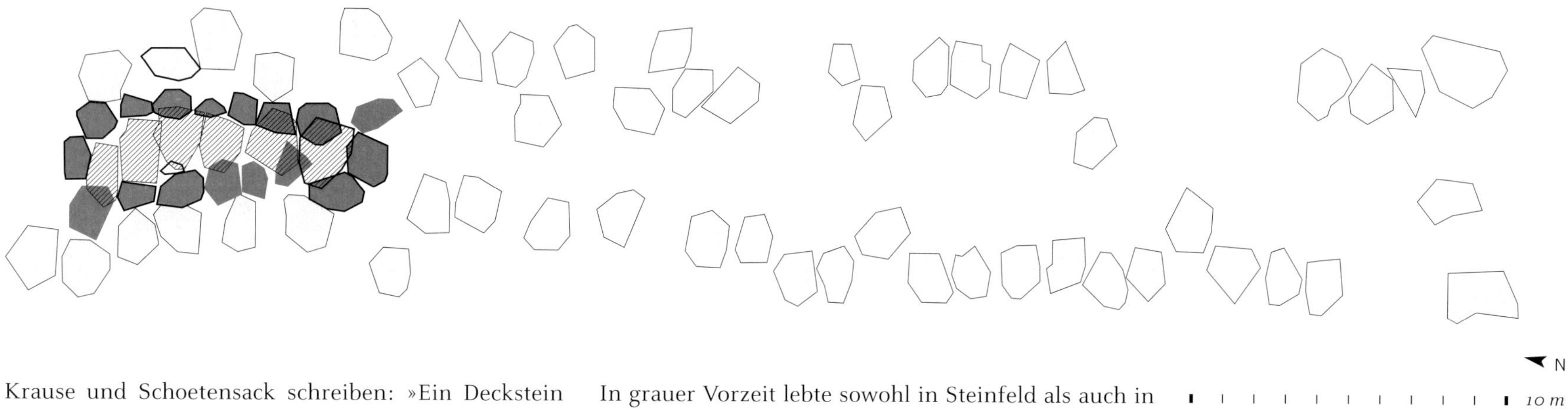


Krause und Schoetensack schreiben: »Ein Deckstein ruht nur auf einigen Punkten seiner unteren Fläche auf den Wandsteinen, so dass er beim Anschlagen klingt. Er ist in der ganzen Gegend unter dem Namen ›der klingende Stein von Steinfeld‹ bekannt.« (1893, 138). Heute klingt der Stein nicht mehr, wohl weil er inzwischen anders aufliegt.
Noch Mitte des 19. Jh. existierten zwei weitere beeindruckende Megalithgräber auf der Gemarkung Steinfeld. Eines davon besaß nach Bekmann / Bekmann (1751, 349 f.) drei Deckplatten von ungewöhnlicher Größe, weshalb sie 1853 beim Brückenbau »Verwendung« fanden.

Welchem der genannten Steinfelder Großsteingräber die folgenden Sagen gewidmet waren, ist heute nicht mehr zu ergründen. Mit dem »Backofen« könnte eines der Klädener Gräber gemeint gewesen sein.

In grauer Vorzeit lebte sowohl in Steinfeld als auch in Kläden je ein Riese. Die beiden vertrugen sich gut miteinander, so dass sie sogar in Kläden einen gemeinsamen Backofen besaßen, den sie an ihren Backtagen gemeinschaftlich benutzten. Da der Ofen in Kläden lag, war der dortige Riese für das Anheizen verantwortlich. Wenn dann also der Backofen heiß genug war, schlug der Klädener Hüne mit seiner Teighacke gegen den Backtrog und der andere machte sich mit seinem fertigen Teig auf den Weg. Das gemeinsame Backen klappte immer recht gut, bis eines Tages ihre Freundschaft sehr auf die Probe gestellt wurde und letztendlich zerbrach. An einem der festgelegten Backtage war der Klädener sehr früh auf und noch mit dem Reinigen seines Backtroges beschäftigt. Eine ganze Weile ärgerte ihn dabei schon eine unverschämte Fliege, die sich einfach nicht vertreiben ließ. Endlich setzte sie sich auf den Backtrog und begann sich zu putzen. »Na warte« sagte sich der

*Das Großsteingrab von Steinfeld Fpl. 1 um 1890 bei der Aufnahme durch E. Krause und O. Schoetensack .*

Riese, schlug mit seiner Teighacke zu und erlegte den Plagegeist. Der Schlag war bis Steinfeld zu hören, und folgerichtig dachte der dortige Riese, dass der Ofen schon warm genug wäre. Da er aber eben erst begonnen hatte seinen Teig einzurühren, war er sehr erstaunt, beeilte sich aber umso mehr, den Teig fertig zu bekommen. Danach rannte er ohne Frühstück, mit knurrendem Magen, in Riesensätzen nach Kläden hinüber. Gerade als ob der ihn foppen wollte, saß der Klädener Riese gemütlich beim Frühstück, hatte seinen Teig nicht einmal eingerührt und, um dem ganzen die Krone aufzusetzen, war selbst der Backofen noch kalt. Als ob nichts geschehen wäre, fragte er auch noch scheinheilig: »Was willst du denn schon hier? Es ist doch noch viel zu früh!« Da Riesen oft sehr cholerisch veranlagt sind, fing der Steinfelder außer sich vor Wut an zu toben und überhäufte seinen Kameraden mit Schmähungen. Wenn ihm sein Teig nicht zu schade gewesen wäre, hätte er ihn dem Klädener am liebsten über den Kopf geschüttet. Wild wie ein Teufel rannte er nach Steinfeld zurück, der Klädener, der gar nicht wusste, wie ihm geschah, hinterher, um sich für die Schimpfreden zu rächen. Kurz vor Steinfeld holte er den anderen ein und es kam folgerichtig zu einer ordentlichen Keilerei. Als sie davon genug hatten, begannen sie sich mit Steinen zu bewerfen. Von diesem Kampfe her sind die Steine des Hünengrabes von Steinfeld liegen geblieben und noch heute zu besichtigen (Pohlmann 1901, 84).

Wieder sind die Riesen (Hünen) und ein Backofen (Großsteingrab) im Spiel, wenn es in einer anderen Sage um den Namen des Dorfes Steinfeld geht: Früher lebten die Riesen Steinfeld und Schönfeld freundschaftlich nebeneinander. Sie buken gemeinsam ihr Brot in Steinfeld. Eines Morgens verschlief Steinfeld aber die Zeit und heizte den Backofen nicht an. Da wurde Schönfeld, der seinen Teig zum Backen bringen wollte, wütend und beschimpfte den anderen fürchterlich. Sie gerieten aneinander und begannen sich mit Steinen zu bewerfen. Ein gewaltiger Stein traf Steinfeld so, dass dieser tot zusammenbrach. Dort wo der Riese »auf dem Felde blieb«, steht heute das Dorf Steinfeld (Lehrerverband 1908, 145f.).

(Bekmann / Bekmann 1751, T. 1, 349f. | Danneil 1838, 95f. Nr. 13 | Krause / Schoetensack 1893, 138f. Nr. 17, Fig. 1, Taf. VI,17, VII,17; IX,17 | Hossfeld / Haetge 1933, 181f. Abb. 105 Taf. 123 | Pohlmann 1901, 84 | Lehrerverband 1908, 145f., 148)

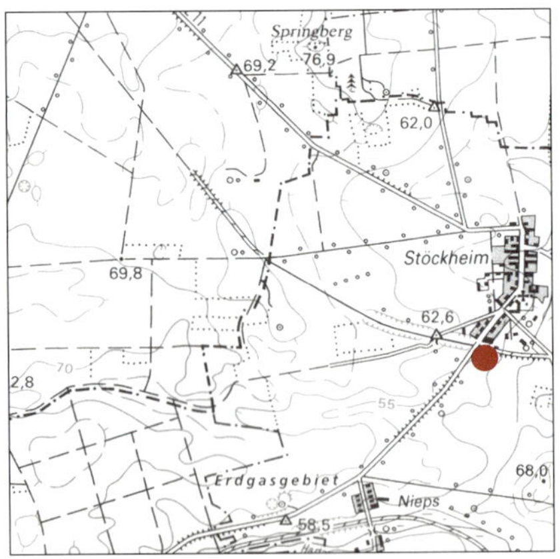


*Lage des Großsteingrabes Stöckheim Fpl. 1.*

# Stöckheim

*Fundplatz 1*

## 41

**LAGE**: kurz hinter dem südlichen Ortsausgang von Stöckheim östlich der Straße nach Lüdelsen an einem leichten unteren Südost-Hang; über einen Feldweg gut zugänglich.

**ERHALTUNG**: gut; Decksteine z.T. eingestürzt, die meisten Umfassungssteine fehlen. Zwei Wandsteine umgefallen, zwei Wandsteine fehlen.

**GRABUMFASSUNG**: die meisten Steine fehlten bereits 1843 zu Danneils Zeiten; nach seinen Aussagen waren sie »ungewöhnlich klein«. Heute sind nur noch drei Umfassungssteine vorhanden.

**KAMMER**: Nord-Süd orientiert, Innenmaße: 9,2 m lang, 2,2–1,8 m breit; trapezförmig; sichtbare Höhe der Kammer innen 1,0 m. Am nördlichen Ende ist die Kammer am höchsten, auch die Wandsteine werden im Südteil immer niedriger und die Decksteine kleiner. 14 von ehemals 16 Wandsteinen und alle vier Decksteine erhalten, drei davon sind von den Wandsteinen abgerutscht. Der vierte, in Längsrichtung aufliegende Deckstein ist heute der größte der ganzen Altmark: 4,5 m lang, 2,9 m breit und 0,8 m dick. Krause und Schoetensack schätzen seinen Rauminhalt auf ca. 8,2 m$^3$ und das Gewicht demnach auf ca. 22.000 kg. Der Stein ist auf beiden Seiten flach und besteht aus grobkörnigem Granit, der mit roten Feldspatkristallen durchsetzt ist.

**SCHÄLCHEN UND RINNE**: Auf der Oberfläche des großen Decksteins sehr viele durch Verwitterung entstandene Vertiefungen, jedoch auch zahlreiche künstliche Schälchen. Die wohl über 80 Schälchen sind rund, das größte besitzt einen Durchmesser von 7 cm und ist 2 cm tief. In der Südwestecke dieses Decksteins befindet sich, ähnlich wie beim Großsteingrab Schadewohl Fpl. 1, eine halb umlaufende Rinne von 1,53 m Länge, mit dreieckigem Profil, unten 1 cm, oben 3 cm breit.

**ZUGANG**: in der Mitte der westlichen Kammerlangseite ein Gang, bestehend aus zwei Wand- und einem abgerutschten Deckstein. Die Wandsteine des Gangs sind deutlich kleiner als die Wandsteine der Grabkammer. Gangbreite innen 0,8 m, Höhe 0,4 m.

**HÜGEL**: länglich, Nord-Süd orientiert.

**TYP**: Großdolmen mit sieben Wandsteinpaaren und Umfassung.

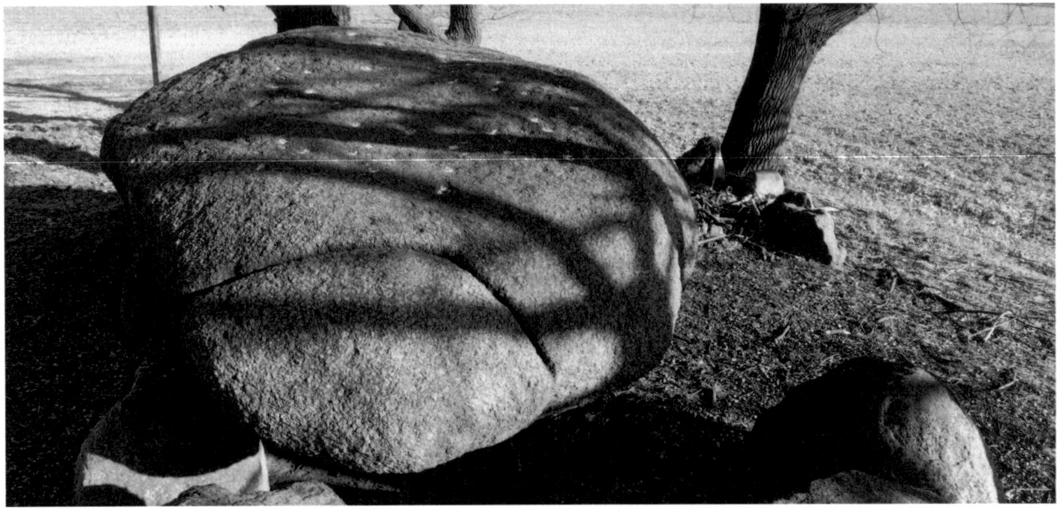

Das Stöckheimer Grab ist heute, neben dem Steinfelder Grab, wegen des noch erhaltenen gewaltigen Decksteines das berühmteste Großsteingrab der Altmark, vielleicht aus diesem Grunde gehören auch die Stöckheimer Sagen zu den bekanntesten und ungewöhnlichsten ihrer Art: Als der Riese Goliath es in seinem Grab im heiligen Lande nicht mehr aushielt, da er dort als Großmaul, welches letztendlich einem kleinen Hirtenjungen unterlegen gewesen war, gehänselt wurde, entschloss er sich, eine andere Ruhestätte zu suchen. Auf seiner Suche kam er irgendwann auch nach Stöckheim, wo es ihm recht gut gefiel. Er suchte ein paar große Steine zusammen, die er passend für sein Grab aufstellte. Daraufhin zog er wieder los, um seinen Grabstein und seinen goldenen Sarg zu holen. Den Sarg nahm er unter den Arm, um den großen Stein wand er eine goldene Kette und band ihn damit auf seinem Rücken fest. Auf seinem langen Rückweg scheuerte die Kette sich beständig tiefer in den Stein. Daher rührt die Rille, die heute noch auf dem Stein sichtbar ist. In Stöckheim angekommen legte er den großen Stein auf die vorbereitete Unterlage und legte sich darunter zur Ruhe. So richtig zur Ruhe kam er aber auch hier nicht, denn in jeder Neujahrsnacht steigt der Riese Goliath aus seinem goldenen Sarg und schabt drei runde Löcher in den Stein, die gerade so groß sind wie die Wunden, die ihm der Hirtenknabe David mit seiner Steinschleuder beigebracht hatte. Im Dorfe herrschte lange die Meinung vor, dass die in der Neujahrsnacht entstandenen drei Löcher die Form eines Dreiecks bilden und sich wieder schließen, wenn sich im nächsten Jahr neue Löcher bilden.

Eine weitere Sage berichtet, dass sich insbesondere in der Steinkammer des Grabes sehr gerne Unterirdische aufhalten. Aus Angst, sie könnten von diesen Geistern geraubt werden, meiden die Kinder des Ortes das Hünengrab. Ein gottloser früherer Verwalter des Ahlumer Rittergutes glaubte nicht an die Unterirdischen und ließ bei seiner neugeborenen Tochter alle Vorsichtsmaßregeln außer Kraft. Auch Taufen ließ er sie nicht. Daraufhin vertauschten die Bewohner des Grabes seine hübsche gesunde Tochter gegen ein hässliches krankes Kind. Das Kind blieb geistig behindert und starb bereits mit 18 Jahren.

Zur Geisterstunde verließen die Unterirdischen häufiger ihren Aufenthaltsort, um in der Nähe der benachbarten Ahlumer Mühle auf einem großen Stein zu kegeln. Auf diesem Stein waren die Löcher für alle 9 Kegel zu sehen. Der Ahlumer Kegelstein war bereits 1901 nicht mehr vorhanden, er soll zum Bau eines Hauses »verwendet« worden sein.

(Danneil 1843, 110 Nr. 93 | Dietrichs / Parisius 1883, 274 | Krause / Schoetensack 1893, 152, Nr. 130, Taf. VI,130; VII,130; IX,130 | Pohlmann 1901, 87f. | Lehrerverband 1908, 144f. | Müller 1989, 406 | Kelch 2002, 460f.)

*Das Großsteingrab von Stöckheim um 1890 bei der Aufnahme durch E. Krause und O. Schoetensack.*

# Tangeln

*Fundplatz 1*

## 42

**LAGE**: ca. 1,8 km südöstlich von Tangeln im Wald an einem leichten Nordhang; über die Straße nach Neumühle und einen Feld- bzw. Waldweg gut zugänglich, vom Weg aus zu sehen.

**ERHALTUNG**: schlecht; Decksteine nicht mehr vorhanden oder nicht sichtbar, Umfassungssteine nur noch z.T. erhalten. In der Mitte wurde das Grab ausgenommen und die Kammer zerstört.

**GRABUMFASSUNG**: wohl ehemals oval, Nord-Süd orientiert. Außenmaße: ca. 20 m lang, 8,5 m breit. Neun oder zehn Umfassungssteine sind erhalten.

**KAMMER**: wohl ebenfalls Nord-Süd orientiert, in der Mitte der Umfassung. Innenmaße: Länge nicht erkennbar, 1,4 m breit; wahrscheinlich rechteckig. Zwei Wandsteine sind erhalten.

**SPRENGLOCH**: im Südosten der Umfassung ein gesprengter Stein. Ein Teil des Sprengloches ist noch sichtbar.

**HÜGEL**: vom Weg aus gut sichtbar, oval, Nord-Süd orientiert; 20,5 m lang, 11,3 m breit, ca. 0,6–0,8 m hoch.

**TYP**: nicht erkennbar, ovale Umfassung.

(Krause / Schoetensack 1893, 158 Nr. 161, Taf. VI,161)

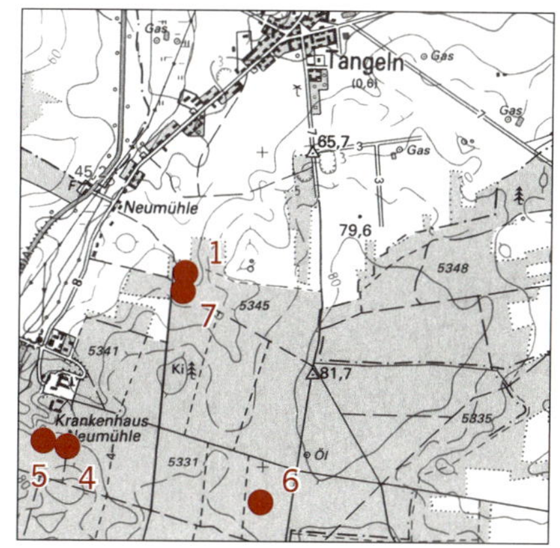


*Lage der Großsteingräber von Tangeln.*

*Tangeln Fpl. 1.*

# Tangeln

*Fundplatz 4*

# 43

**LAGE**: ca. 1,2 km nordöstlich von Mellin im Wald an einem Nordhang, nahe Tangeln Fpl. 5. Ca. 70 m westlich des Waldweges, allerdings vom Weg aus nicht zu sehen.
**ERHALTUNG**: sehr schlecht; Hügel zerflossen, nur noch wenige Steine vorhanden.
**GRABUMFASSUNG**: nicht erkennbar.
**KAMMER**: nicht mehr erkennbar. Nach Angaben von Priebe, der 1938 eine Landesaufnahme durchführte, war nur noch »mitten im Walde ein zerflossener Hügel, auf dem wenige Steine liegen, die zu einem früheren Großsteingrab gehören« vorhanden. Heute befinden sich in der Mitte des Hügels zwei Wandsteine, davon einer aufrecht stehend, und ein Deckstein. Orientierung wahrscheinlich Ost-West.
**HÜGEL**: gut erkennbar; rund, Durchmesser ca. 14 m, Höhe ca. 0,5 m.
**TYP**: nicht erkennbar.

Zwischen Tangeln Fpl. 4 und Fpl. 5 sollen sich nach Angaben von Danneil und Krause / Schoetensack noch zwei weitere sehr schlecht erhaltene Großsteingräber befinden. Auch Blasius erwähnte 1904 noch mehrere Gräber in der Umgebung. Bei der Neuaufnahme der Gräber im Jahr 2003 konnten diese jedoch nicht mehr festgestellt werden. Nach Aussage eines Einwohners ließen die neuen Waldbesitzer Mitte der 1990er Jahre einige große Findlinge aus dem Wald entfernen. Möglicherweise handelte es sich dabei um Reste dieser Großsteingräber.

(Danneil 1843, 113f. Nr. 116 | Krause / Schoetensack 1893, 158 Nr. 159, Taf. VI,159 | Blasius 1904, 106f.)

# Tangeln

*Fundplatz 5*

# 44

**LAGE**: ca. 1,1 km nordöstlich der Ortsmitte von Mellin im Wald, über einen Waldweg erreichbar. An einem leichten Nordwesthang, direkt am Geländeabbruch zum »Taufkessel«, einem Quellkessel.

**ERHALTUNG**: mittelmäßig. Alle Decksteine sind eingefallen, die Wandsteine gekippt, auseinander gedrückt und daher nicht mehr alle zuzuordnen. Umfassungssteine liegen durcheinander.

**GRABUMFASSUNG**: war ehemals vermutlich vorhanden, die Form kann jedoch nicht mehr rekonstruiert werden. Maximal vier oder fünf Umfassungssteine sind erhalten.

**KAMMER**: Nordwest-Südost orientiert, ca. 11,5 m lang, 4,0 m breit, wahrscheinlich rechteckig. Ca. 16 Wandsteine und mindestens fünf Decksteine sind erhalten.

**HÜGEL**: oval.

**TYP**: Großdolmen mit sieben (?) Wandsteinpaaren und Umfassung (?).

(Danneil 1843, 114 Nr. 117 | Krause / Schoetensack 1893, 158 Nr. 157, Taf. VI,157)

# Tangeln

*Fundplatz 6*

## 45

**LAGE**: 2,3 km östlich der Ortsmitte von Mellin, 2,5 km westlich von Neu-Ristedt im Wald an einem sanften Südwesthang. Über einen zugewachsenen Waldweg, der von einem Wirtschaftsweg abzweigt, zugänglich, aber nicht leicht zu finden.

*Das Großsteingrab Tangeln Fpl. 6 um 1890 bei der Aufnahme durch E. Krause und O. Schoetensack.*

**ERHALTUNG**: sehr gut; fast alle Steine sind noch vorhanden, allerdings z. T. stark mit Moos bedeckt bzw. einige Decksteine eingefallen; wenige Umfassungssteine sind umgestürzt.

**GRABUMFASSUNG**: Nordwest-Südost orientiert. Außenmaße: 23,6 m lang, 5,2 m (im Norden) bis 6,4 m (im Süden) breit; vermutlich ehemals trapezförmig oder oval. 32 von ehemals ca. 38 Umfassungssteinen sind sichtbar. Im Boden befinden sich weitere Steine. Wohl außerhalb der Umfassung, vor dem Südostende, standen zwei inzwischen umgekippte »Wächter«.

**KAMMER**: Nordwest-Südost orientiert, Lage im nordwestlichen Teil der Umfassung. Die Kammer liegt noch im Boden, ist aber innen ausgeräumt. Innenmaße: mindestens 5 m lang, 1,5 – 1,8 m breit; rechteckig; Höhe der Kammer innen 1,0 m. Alle zehn Wandsteine und vier Decksteine sind erhalten, zwei Decksteine sind eingesunken und völlig überwachsen, ebenso die meisten

Wandsteine (die z. T. nur von innen sichtbar sind). Teilweise ist noch die Zwickelfüllung erkennbar: die Zwischenräume sind unregelmäßig mit Kieseln und zugerichteten (ausgesuchten?) Geschieben von 10–30 cm Größe ausgefüllt. Maximale Decksteingröße: 2,5 m x 1,2 m x 1,1 m.

**HÜGEL**: länglich zwischen den Umfassungssteinen, ca. 0,5 m hoch.

**TYP**: Großdolmen mit vier Wandsteinpaaren und vermutlich trapezförmiger oder ovaler Umfassung.

Am 11. Juli 1904 wurde auf Veranlassung des Grafen von der Schulenburg-Wolfsburg das Grab von Superintendent Julius Müller aus Kalbe/Milde untersucht. Er stellte fest, dass fast die ganze Grabkammer mit Sand gefüllt war. In dem Sand unter dem nördlichen Deckstein »kamen Urnenscherben zu Tage, dann auch 3 Steinwerkzeuge, ein kleineres aus Kalkstein, an beiden Enden geschärft, und zwei Keile aus Feuerstein. ... der Boden des Grabes hatte eine Pflasterung von flachen Steinen.« Unter dem südlichen Deckstein fand er weitere Scherben und bemerkt dazu: »Auch der Umstand, daß die Urnenscherben, welche von vier verschiedenen Gefäßen, darunter von einer Kugel-Amphore, herrührten, durch das ganze Grab zerstreut gefunden wurden, beweist, daß dasselbe schon früher einmal durchsucht worden ist.«

*Das Großsteingrab von Tangeln Fpl. 6 im Juni 2003. Foto: B. Fritsch 2003.*

Außer mehreren Scherben der Kugelamphorenkultur und den jungsteinzeitlichen Steingeräten fand sich eine Scherbe der Schönfelder Kultur. Im Innern der Kammer liegen zahlreiche Steine, wohl Überreste der Grabungen. Das Bodenpflaster ist nicht mehr sichtbar.

(Danneil 1843, 114 Nr. 118 | Krause / Schoetensack 1893, 158 Nr. 158, Taf. VI,158; VII,158 | Müller 1906 | Kupka 1908, 4 f. | Priebe 1938, 68 | Beier 1988, 94, Taf. 7,9–10; 84,4.8–11)

# Tangeln

*Fundplatz 7*

## 46

*Das Großsteingrab Tangeln Fpl. 7 im September 1931.*
*Foto: W. Sudhoff.*

**LAGE**: ca. 1,8 km südöstlich von Tangeln an einem leichten Nordhang, 100 m südlich vom Grab Tangeln Fpl. 1 im Wald, südlich nahe des Waldweges.

**ERHALTUNG**: mittelmäßig; Decksteine sind nicht mehr vorhanden, Umfassungssteine nur noch z. T. erhalten und nach außen umgefallen.

**GRABUMFASSUNG**: Nord-Süd orientiert, wohl ehemals rechteckig. Der südliche Abschnitt fehlt. Außenmaße: Breite 7,2 m. Elf Umfassungssteine sind sichtbar, davon drei noch aufrecht stehend, ein weiterer ist zerbrochen.

**KAMMER**: Nord-Süd orientiert. Innenmaße: 3,1 m lang, 1,0 m breit; rechteckig. Alle sechs aufrecht stehenden Wandsteine vorhanden, jedoch liegen keine Decksteine auf der Kammer. Möglicherweise befinden sich zwei verschleppte Decksteine etwas südöstlich außerhalb der Umfassung. Die Wandsteine sind noch bis zur Oberkante in den Hügel eingegraben, allerdings ist beinahe die gesamte Kammer ausgenommen. Erhaltene Höhe der Kammer innen: 0,6 m.

**HÜGEL**: wahrscheinlich ehemals oval oder länglich, insgesamt 17,5 m lang, 11,0 m breit, ca. 1,0 m hoch.

**TYP**: erweiterter Dolmen mit zwei Wandsteinpaaren und rechteckiger Umfassung.

(Krause / Schoetensack 1893, 158 Nr. 160, Taf. VI,160)

# Winterfeld

*Fundplatz 1*

## 47

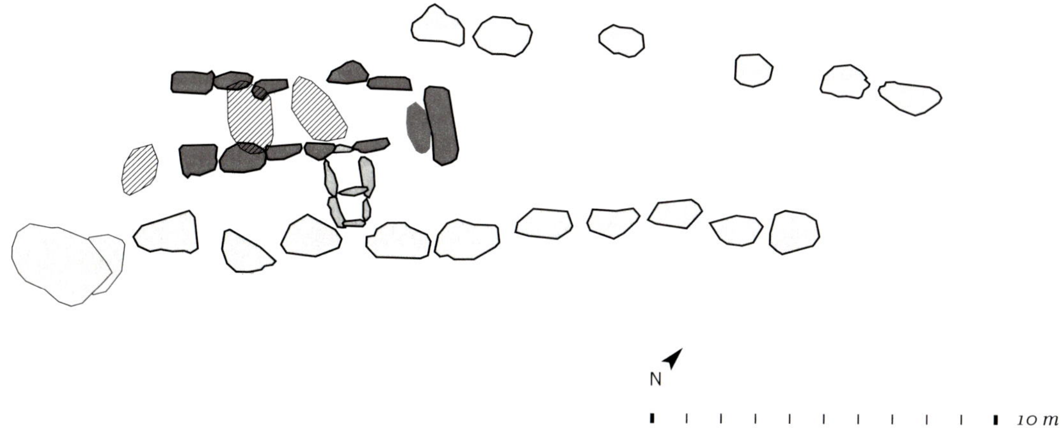


*Gesamtplan vor der Rekonstruktion 1977.*

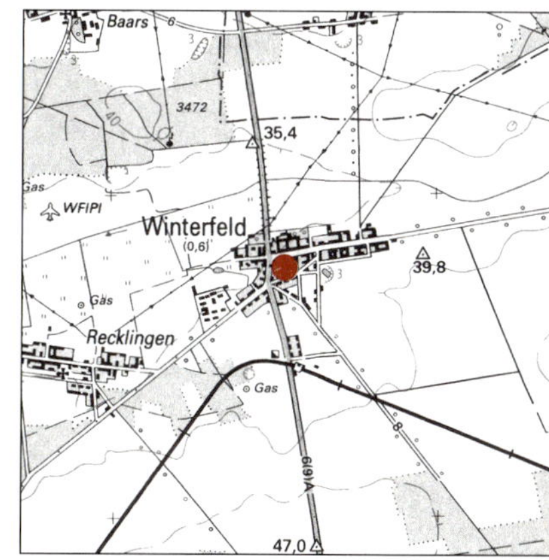


*Lage des Großsteingrabes Winterfeld Fpl. 1.*

**LAGE**: im Ort, östlich der Kirche im Pfarrgarten, an einem sanften Westhang, ausgeschildert und sehr gut zugänglich.

**ERHALTUNG**: gut. Ein Teil der Umfassung fehlt, Decksteine fehlen ebenfalls oder liegen wie einige Wandsteine nicht mehr am originalen Platz. Mehrfach wurde das Grab rekonstruiert bzw. untersucht (zuletzt 2001).

**GRABUMFASSUNG**: Nordost-Südwest orientiert; Außenmaße: erhaltene Länge über 26 m, rekonstruierte Länge mindestens 54 m; Breite 5,5 bis mindestens 7,3 m, trapezförmig. 1893 konnten Krause und Schoetensack insgesamt sieben, »durch Grösse und Gleichmäßigkeit sich auszeichnende Umfassungssteine« feststellen; 1930 dokumentierte der Salzwedeler Krankenhausdirektor Sudhoff insgesamt 18 Umfassungssteine, heute sind 19 Steine sichtbar. Möglicherweise handelt es sich dabei um Steine, die 1904 auf Veranlassung des damaligen Pfarrers wieder aufgestellt wurden. Die Umfassungssteine werden von Nordosten nach Südwesten immer großer und höher. Von den ehemals zwei »Wächtersteinen« an der südwestlichen Schmalseite ist heute nur noch einer vorhanden, aber erst 1977(?) wieder aufgestellt; Maße: 2,1 m x 1,6 m x 0,8 m.

**KAMMER**: Nordost-Südwest orientiert; Lage im Südwestteil der Umfassung; Innenmaße: 7,4 m lang, 1,6–1,7 m breit, rechteckig. Höhe mind. 1,6 m vom Pflaster bis zum Deckstein. 14 Wandsteine und ein Deckstein sind bei der rekonstruierten Grabkammer vorhanden. Größe des aufliegenden Decksteins: 2,2 m x 1,4 m x 0,4 m.

**ZUGANG**: am nördlichen Ende der südöstlichen Kammerlangseite ein Gang, Südost-Nordwest orientiert. Innenmaße: 2,3 m lang, 0,8–0,6 m breit, 1,0 m hoch. Alle vier Wandsteine des Ganges, allerdings kein Deckstein erhalten. Am Boden im Gang drei Schwellensteine im Abstand von 1,3 m bzw. 1,0 m. In der Umfassung befindet sich an dieser Stelle ebenfalls eine Lücke.
**SCHÄLCHEN**: Der heute die Kammer im Südwesten begrenzende »Giebelstein« trägt ca. 30 Schälchen auf der Oberseite, die meisten sind rund und sehr flach, die größeren haben einen Durchmesser von 4–6 cm und sind max. 1,5 cm tief. Zwei Schälchen sind oval und 8 cm x 6 cm bzw. 8 cm x 5 cm groß sowie 2 cm bzw. 1,5 cm tief. Allerdings lag dieser Stein noch in den 1960er Jahren nicht an dieser Stelle. Wahrscheinlich handelt es sich dabei um einen ehemaligen Deckstein, der erst 1977 an diesen Platz kam. Er misst 2,1 m x 1,0 m x >0,95 m (über der Erde).
**HÜGEL**: vorhanden, allerdings stark abgeflossen. Höhe noch 0,5 m.
**TYP**: rechteckiges Ganggrab mit sechs Wandsteinpaaren und trapezförmiger Umfassung.

Der Heimatforscher und ehrenamtliche Bodendenkmalpfleger Hermann Künne aus Püggen fasste am 3. 11. 1962 die Zerstörungen des 19. Jh. am Großsteingrab von Winterfeld folgendermaßen zusammen:
»Der erste Anlass dazu war die Separation um 1840, wo die kleinen Ackerstücke der Bauern zu größeren zusammengelegt wurden. Dazu kam eine intensivere Bewirtschaftung, bei der größere Scheunen und Ställe gebraucht wurden. Beim Bau derselben wurde ein Drittel des Grabes ... zu Fundamentsteinen zerschlagen. Der zweite Anlass«, so Künne weiter, »war eine Liebesgeschichte: Der Sohn eines großen Bauern hatte im Nachbardorf Cheinitz eine Braut aus einer kleinen Landwirtschaft, die er heiraten wollte, was die Eltern des Bräutigams ihm verweigerten als zukünftigen Großbauern. ... In seinem großen Liebeskummer ging er zum Pastor Radecke in Winterfeld, der von 1863–73 dort amtierte. Diesem klagte er seine Not und bat ihn, bei seinen Eltern für die eheliche Verbindung zu bitten.« Im Gegenzug wolle er dafür sorgen, dass dessen Wirtschaftsgebäude endlich gebaut werden würden. Der Pfarrer, dem es finanziell schlecht ging und dessen größtes Einkommen aus der Landwirtschaft stammte, sagte zu – und nach Einsatz aller seiner Überredungskünste gelang es ihm, die Eltern des Bräutigams zu überzeugen. Der junge Mann hielt sein Versprechen und baute die Wirtschaftsgebäude. »Große Freude auf beiden Seiten, aber leider mußte das Hünengrab daran glauben. Über 10 große Umfassungssteine wurden weggenommen und zu Fundamentstei-

nen zerschlagen, dabei ein großer Eckstein, ein so genannter ›Wächter‹ 3 m hoch und 1,50 m breit, wie der jetzt noch vorhandene. Auch diesem hätte bald sein Schicksal ereilt, als der spätere Pastor Mosenthin verreist war, wollte man einen Gedenkstein daraus machen und bei seiner Abwesenheit wegholen. Man hat es aber doch nicht gewagt. ... Der weggenommene Wächterstein soll unter dem Fußboden der jetzigen Wasch- und Futterküche des Wirtschaftsgebäudes liegen, aber leider wohl zerschlagen unter dem Zementfußboden.« (Bericht Künne 1962, Archiv LDA Halle [Saale]).

Weist die oben erzählte Geschichte bereits sagenhafte Züge auf, die aber die Zerstörung des Grabes beinhaltet, so macht eine ältere Sage wieder mal Steine werfende Personen für die Entstehung des Winterfelder Grabes verantwortlich: Die Kirchtürme von Jeggeleben und Winterfeld sind fast gleichzeitig erbaut worden. Zum Jeggelebener Kirchturm wurden die Pläne von den Meistern entworfen, für den Winterfelder Turm aber »nur« durch die Gesellen. Natürlich – wie in allen Sagen – war der Turm, den die Gesellen entworfen und auch errichtet hatten, besser und schöner als der Jeggelebener Turm. Darüber waren die Meister sehr erbost und legten sich mit den Gesellen an, was schließlich sogar in wüste Schlägereien ausartete. Auf beiden Seiten griff man letztendlich zu den »Handwurfgeschossen«, die auf beiden

*Das Großsteingrab von Winterfeld am 24.4.1932. Foto: W. Sudhoff.*

*Arbeiten während der Rekonstruktion 1977.*

Feldmarken in allen Größen ausreichend zur Verfügung standen, um sich gegenseitig die Türme einzuwerfen. Die Geschosse der Meister landeten dicht neben der Winterfelder Kirche, wo sie heute teilweise noch liegen, während die Steine der Gesellen, die auch dabei ihre Meister übertreffen wollten und deshalb noch größere Steine nahmen, nur bis in die Jeggelebener Tannen flogen. Früher dort vorhandene Großsteingräber existieren aber heute nicht mehr.

1977 wurde das Grab durch das Landesmuseum für Vorgeschichte unter Anleitung von J. Schneider untersucht und dabei auch einige Steine umgesetzt. Bei dem Giebelstein an der schmalen Südwestseite der Kammer handelt es sich z. B. wohl um einen umgesetzten, ehemals abgestürzten Deckstein. Älteren Fotos zu Folge ist dabei wahrscheinlich auch der »Wächter« wieder aufgestellt worden. Bei der Untersuchung wurde außerdem festgestellt, dass die Umfassungssteine in ein Fundament aus bis zu 40 cm großen Bruchsteinen gesetzt und mit diesen verkeilt waren. Sorgfältig gesetzte Bruchsteine verschlossen die Zwickel zwischen den Wandsteinen. Auf dem Boden der Kammer und des Gangs fanden sich noch Reste des Belags aus zugerichteten Steinplatten.

(Danneil 1843, 115 Nr. 131 | Krause / Schoetensack 1893, 160 Nr. 174, Taf. VI,174 | Lehrerverband der Altmark 1908, 150 | Kelch 2002, 462 | Vogt 2001)

# Der Lehnekenstein bei Bonese – ein urgeschichtlicher Menhir und der Lehnekenberg bei Dahrendorf/Gröningen (Altmarkkreis Salzwedel)

»Heut zutage pflegt man die Steine, welche bei räumung einer Gegend oder auf den aeckern im Wege liegen zu untergraben und einzusenken; und dürften endlich von diesen herrlichen Althertümern, die über 1000 jahre gestanden, mit der Zeit nichts oder wenig mehr zu sehen sein.« (Bekmann / Bekmann 1751, 366)

Dieser Aussage J. C. Bekmanns zu Folge sind spätestens seit dem 18. Jh. viele große Steine verschwunden. Anhand vieler Sagen, aber auch alter Flurbezeichnungen wie beispielsweise »Am großen Stein«, ist das ehemalige Vorhandensein solcher Steine heute noch nachvollziehbar. Mehr noch als die Großsteingräber beschäftigten die Phantasie unserer Vorfahren große, besonders geformte oder mit Schälchen und anderen Vertiefungen versehene Steine. Man suchte Erklärungen für das scheinbar Unerklärbare. Relativ wenige dieser sagenhaften Steine sind noch auffindbar bzw. identifizierbar. Der größte Teil dieser Steine ist verschwunden. Sie wurden gesprengt und bei Bauarbeiten verwendet, eingegraben oder sie stehen unerkannt auf Dorfplätzen und Friedhöfen etc. In einigen wenigen Fällen liegen sie heute an einem anderen Ort, so der »Butterstein« im Beetzendorfer Schlosspark (Altmarkkreis Salzwedel) oder ein Gedenkstein im Park von Priemern (Ldkr. Stendal).

*1 Von dieser Seite gesehen, vermeint man tatsächlich eine versteinerte Frau im Stein zu erkennen. Foto: L. Mittag 2003.*

Etwa 1,5 km südwestlich von Bonese, hart an der Markauer Flurgrenze, steht westlich eines Weges, der durch den Wald von Markau nach Rustenbeck führt, der »Lehnekenstein« am Rande einer hier nach Osten abfallenden kleinen Hochfläche. Der Lehnekenstein ist der einzige heute noch bekannte Menhir (= langer Stein, aufgestellter Stein) der Altmark.

Heute wendet der Stein seine unebene »Rückseite« dem Ankommenden zu. Die relativ glatte »Schauseite« zeigt nach Westen. Der Sage nach führte der Weg früher an dieser Seite des Steines entlang und tatsächlich ist auf dem »Urmesstischblatt« von 1859 auf beiden Seiten des Steines ein Weg eingezeichnet, der westliche sogar etwas stärker. Der Lehnekenstein soll einmal das Zentrum eines Steinkreises gewesen sein. Von den Steinen dieses Kreises ist heute nur noch einer, ca. 19 m östlich vom Lehnekenstein liegend, vorhanden. Dieser Stein ist noch 90 cm x 72 cm groß, er weist vier rechteckige Sprenglöcher auf (siehe S. 207). Es handelt sich um das Bruchstück eines vormals größeren Steines. Wahrscheinlich wurden im 19. Jh. die übrigen Steine gesprengt und bei Bauarbeiten verwendet. In der näheren Umgebung existieren noch viele größere Steine, vielleicht standen auch sie einmal zum Lehnekenstein in Beziehung.

Der Lehnekenstein besteht aus Granit, ragt 2,13 m aus den Waldboden und läuft nach oben spitz zu. Seine größte Breite beträgt ca. 1,70 m, die größte Dicke 1,10 m. Der Stein ist offensichtlich unbearbeitet, allerdings wurde die durch Gletscher abgeschliffene Seite bewusst nach Westen ausgerichtet. Die gedachte Achse des Steines verläuft nicht genau Nord-Süd, sondern weicht etwa 5° davon ab. Vermutlich diente die Anlage mit dem Stein in urgeschichtlicher Zeit religiös-kultischen Zwecken und bzw. oder als territoriale Kennzeichnung.
Zum Lehnekenstein erzählte man sich eine Sage, deren Motiv, die versteinerte Braut, in der Altmark häufiger vorkommt. Betrachtet man den Stein aus nordwestlicher oder nordöstlicher Richtung, kann, mit etwas Phantasie, noch heute eine darin verborgene versteinerte Frau erkannt werden (Abb. 1 und 2).

## Sage vom Lehnekenstein bei Bonese

»Eine Viertelstunde westlich vom Dorfe Bonese, hart an der Markauer Grenze, steht in der Heide ein großer Stein; er ist von Granit und enthält vielen schwarzen Glimmer; er muss da schon viele hundert Jahre gelegen haben, denn er ist ganz grau und mit Moos und Flechten bewachsen. Er ist ungefähr 5 Fuß hoch, und hat gegen die Mitte zu einen Umfang von 12 Fuß; nach oben hin spitzt er sich zu. An der Vorderseite, wo ein Fahrweg dicht vorbeigeht, ist er glatt, an den übrigen Seiten aber ist er rau und uneben; auch hat er dort mehrere Ritzen und Spalten. Früher hat ein ganzer Kranz von Steinen um ihn herum gestanden, davon sieht man aber jetzt nur noch wenige Spuren. Dieser Stein heißt der Lehnecken-(Lehnchen-)Stein, und man erzählt sich von ihm folgende Sage:
Vor vielen Jahren wohnte in dem Dorfe Bonese eine Bauerfrau, die zwei Kinder hatte, einen Jungen, der hieß Asmus, und ein Mädchen, die Marlene (Maria Helene) hieß. Der Asmus war schon als Knabe ein Taugenichts, und nachher wurde er ein großer Bösewicht, der keine größere Freude hatte, als die Leute zu quälen. Seine Schwester Marlenchen dagegen war ein gutes und gottesfürchtiges Mädchen, die von jedermann geliebt wurde. Die jungen Burschen kamen von allen Seiten her und begehrten sie zur Frau. Sie mochte aber keinen von ihnen, und schlug alle ihre Anträge aus, denn sie hatte eine stille Liebschaft mit einem Knecht auf dem Nachbarhofe, der ein frommer und fleißiger Mensch war, und nur leider keine Reichtümer hatte. Den hatte sie sehr lieb, wie er sie auch, und sie hatten geschworen, dass sie nicht von einander lassen wollten. Zuletzt kam auch der reiche Schulzensohn aus Markau als Freiersmann. Der

*2 Der Lehnekenstein bei Bonese. Zeichnung: L. Löwe 2005.*

ließ sich von Marlenchen nicht abweisen, und steckte sich hinter ihre Mutter und ihren Bruder. Diese quälten sie täglich, und verlangten von ihr, dass sie den Schulzensohn zum Manne nehmen solle. Sie weinte zwar und klagte, und bat um Gotteswillen, dass man das doch nicht von ihr verlangen solle. Aber die Beiden kehrten sich nicht daran, und betrieben nur um desto eiliger das Verlöbnis und das Aufgebot. Marlenchen schwor zwar in ihrer Herzensangst, sie werde sich eher umbringen, als dass sie als Braut über die Markauer Grenze gehe, aber man verspottete und verlachte sie nur.
Der Hochzeitstag kam unterdes heran, und war auf den nächsten Dienstag bestimmt. Am Montag vorher, des Nachmittags, kamen, wie gebräuchlich, die Brautjungfern zu ihr, und putzten sie auf, und führten sie dann, soviel sie auch weinte und sich sträubte, mit Gewalt zu dem Wagen, in welchem sie nun, wie das Sitte ist, zu ihrem Bräutigam gefahren werden sollte. Ihre Verwandten und Bekannten begleiteten sie in vielen Wagen, und im hastigen Galopp eilten alle nach Markau zu. Den vordersten Wagen fährt der Bruder der Braut, den hintersten der jüngste Bruder des Bräutigams, wie das alles so Gebrauch ist. An der Markauer Grenze mussten die Wagen halten, und der Bruder des Bräutigams musste hier der Sitte gemäß die Braut und die Brautjungfern fragen, ob sie nicht noch lieber umkehren wollten. Es war gerade die Sonne im Untergehen, als sie an der Grenze ankamen. Wie alle Wagen stillstanden, erhob sich der Bruder des Bräutigams und fragte die Brautjungfern ob die Braut noch bei ihnen sei? Sie antworteten ihm: Ja! Darauf fragte er die Braut: Wer hat dich hierher gebracht, du Braut? Marlenchen antwortete seufzend, wie es vorgeschrieben war: Gott und gute Leute! Jener fragte weiter: Will die Braut weiter, oder will sie umkehren? Jetzt ist es noch Zeit! Da rief Marlenchen laut weinend: Ich will um, ich will wieder um, ich will nach meiner Mutter Haus! – Ihr Bruder Asmus aber, der das hörte, schrie wütend: Nein, du sollst nicht um, du sollst nach Markau. Fahrt zu, fahrt zu! Damit schlug er auf seine Pferde, und rief den andern, dass sie desgleichen tun sollten. Aber Marlenchen sprang von ihrem Sitze auf, und rief: Ich will lieber zum Steine werden, als dass ich über die Markauer Grenze komme! Mit diesen Worten stürzte sie sich oben über den Rand des Wagens und wurde auf der Stelle zu einem Stein. In dem Augenblicke ging die Sonne unter. – Um Mitternacht, wenn Vollmond ist, sieht man die bunten Brautbänder noch an dem Steine flimmern.« (Temme 1839, 39).

In manchen der sich oft sehr stark ähnelnden Versteinerungssagen wird nicht nur die Braut zu Stein, sondern die gesamte Hochzeitsgesellschaft. Die Entstehung dieser Sagen ist u. a. auch auf vorchristliche Bräuche zurückzuführen, bei denen zum einen Eheschließungen oder Verlobungen an heiligen Plätzen (z. B. Bäumen oder Steinen) durchgeführt wurden und zum anderen der »Brautraub« Teil der Hochzeitsfeier war (siehe S. 179).
Eine fast identische Sage wird von dem etwa 5 km in nord-nordöstlicher Richtung entfernten »Lehnekenberg« bei Dahrendorf erzählt (Pohlmann 1914, 55). Der Lehnekenberg umfasst ein größeres hügeliges, heute bewaldetes Gebiet, das spätestens ab der Bronzezeit bis in die späte römische Kaiserzeit als Siedlungs- und Bestattungsplatz diente. Ursprünglich bezog sich die Bezeichnung nur auf einen Hügel, der inzwischen durch Kiesabbau verschwunden ist. Darauf befand sich ein zu Teilen ausgegrabenes Brandgräberfeld der vorrömischen Eisenzeit (Archiv Danneil-Museum Salzwedel). Auffällig ist die Namensgleichheit. Auf dem Lehnekenberg stand früher ebenfalls ein großer, von mehreren kleineren Steinen umgebener Granitstein. Nach Pohlmann (1914, 55) soll besagter Stein im Jahre 1854 durch den Gröninger Dorfschmied gespalten worden sein und sämtliche Fundamentsteine zu einem Wohnhaus geliefert haben. Auch dieser Stein wird als »Lenekenstein« bezeichnet*. Auf einer Grenzkarte von 1733 ist er aber als »Nouneke Stein« eingetragen (Spaldelholz 1733). Da die damaligen Kartenzeichner das altmärkische Plattdeutsch nur schlecht verstanden, kam es häufig zur Verballhornung von Ortsbezeichnungen. Möglicherweise handelt es sich hier um ein solches Missverständnis oder der Berg wurde als »Lehnekenberg« bezeichnet und der Stein hieß im Volksmund vielleicht »Nück'nsteen«, was der »Seltsame Stein« bedeuten würde (Danneil 1859, 148). Als Hinweis auf einen Gerichtsplatz, einen geheiligten und später unheimlichen Ort könnte auch ein auf jener Karte unweit unter der Bezeichnung »Tartar Pfahl« eingezeichneter Galgen (?) angesehen werden. Als »Tataren« wurden früher im allgemeinen alle fremdartigen Völker, insbesondere die »Zigeuner«, bezeichnet.
Ebenfalls aus der Nähe des Lehnekenberges stammt ein 1995 auf dem Dorfplatz von Kortenbeck (Altmarkkreis Salzwedel) aufgestellter Stein. Seine Höhe über dem Boden beträgt 1,65 m, die Breite an der Basis 1,30 m und die Dicke bis 1,10 m. Die Rückseite ist glatt. Im oberen Bereich des Steines ist eine halbrund verlaufende Rille eingetieft worden**. Sie verläuft von links nach rechts in 1,40–1,20 m Höhe, ist ca. 80 cm lang, ca. 3 cm tief und oben ca. 5 cm breit. Durch diese künstliche Rinne bekommt der Stein ein phallusartiges Aussehen. Vielleicht stand dieser Stein einmal mit dem Steinkreis auf dem »Lehnekenberg« in Verbindung.

** In der Dahrendorfer und Boneser Gegend sind sowohl die Bezeichnungen »Lehnekenstein«, »Lenekenstein« als auch »Lenchenstein« gebräuchlich. J. D. H. Temme benutzt den ersteren Namen, A. Pohlmann den zweiten. Bei A. Kuhn heißt der Stein »Leenkenstein«. Es handelt sich, wenn man es auf den Vornamen beziehen will, jeweils um die Verniedlichung von »Marlene«. Es wurde jeweils die in der zitierten Sage verwendete Form benutzt.*

*** Die Rinne war nach mündl. Information des ehemaligen Gemeindedirektors von Lagendorf, G. Kuhwald †, bereits bei der Auffindung des Steines vorhanden. Es könnte sich also um eine ur- bzw. frühgeschichtliche Eintiefung handeln.*

Mehrere altmärkische Sagen weisen auf weitere ehemalige Standorte solcher Steinkreise hin. Sagen aus den Gemarkungen Böddenstedt, Ristedt, Laatzke oder Wernitz (alle Altmarkkreis Salzwedel) z.B. könnten Hinweise auf ehemalige Kultstätten enthalten (Temme 1839; Kuhn 1843; Pohlmann 1901; Pohlmann 1914; Lehrerverband 1908). Leider verschwanden diese Steine spätestens im 19. Jh. völlig oder sie stehen heute an einem anderen Platz.

Vermutlich handelt es sich auch bei den Überresten einer Steinanlage im Gardelegener Hospitalforst um einen ehemaligen Steinkreis und nicht, wie vom Entdecker auch vermutet, um die Reste eines Großsteingrabes (Frommhagen 1992, 12).

In Mahlsdorf (Altmarkkreis Salzwedel) finden sich nahe der romanischen Feldsteinkirche noch heute die Überreste einer ehemals weit umfangreicheren Steinanlage. Zwei Steine stehen an der Friedhofsmauer. Einer dieser Steine weist sehr große unregelmäßige tiefe Näpfchen auf. Ein weiterer Stein befindet sich auf dem Friedhof neben der Kirche und könnte möglicherweise ebenfalls Bestandteil des Kultplatzes gewesen sein. Ein anderer zugehöriger großer Stein verschwand erst in jüngerer Zeit beim Abriss eines Hauses.

Anders als bei den Großsteingräbern, deren Entstehungszeit relativ genau einzugrenzen ist, lassen sich Steinkreise, aufgestellte Steine oder Menhire nicht eindeutig in eine bestimmte Zeitstufe stellen. Sie wurden während des mittleren und späten Neolithikums, möglicherweise auch noch in der Bronzezeit errichtet. Es wird vermutet, dass dort kultische Handlungen vollzogen wurden, bei denen auch Himmelsbeobachtungen eine Rolle gespielt haben dürften (Bubke 2000). Vermutlich wurden derartige kultische Steinanlagen noch in germanischer Zeit, also annähernd zweitausend Jahre später, genutzt. Von Bedeutung waren sie aber auch in den folgenden Jahrhunderten für die Bevölkerung. Bei vielen Sagen, die sich mit einzelnen großen, besonderen Steinen beschäftigen, wird der kultische Hintergrund dieser Plätze ein Hauptgrund für deren Entstehung sein.

# Die Großsteingräber und besonderen Steine in der altmärkischen Sagenwelt

Über 70 Sagen, die bisher aus der Altmark bekannt geworden sind, ranken sich entweder um die Hünengräber, um besondere Steine oder um Steinkreuze und »Mordstellen«. Etwas mehr als 30 dieser Plätze existieren noch bzw. sind bekannt. Seit dem 19. Jh. wurden die Sagen der Altmark in verschiedenen Sammlungen, den Sagenbüchern, publiziert (z. B. Kuhn 1843; Lehrerverband 1908; Pohlmann 1901 und 1914).
Der Begriff »saga« bedeutete im Althochdeutschen »das Sprechen, die Sprache, die Aussage«. Demnach handelte es sich bei einer Sage ursprünglich um eine mündliche Tradition, die im Gegensatz zum Märchen einen wahren Kern beinhalten sollte.

Vor allem so genannte »Volkssagen« blieben erhalten, wobei auffällt, dass sich häufig der gleiche Stoff in den verschiedenen Sammlungen fast wörtlich wiederholt. Die Verfasser erklärten damit, dass die ansässige Bevölkerung diese Geschichten seit langer Zeit unverändert erzählt habe. »Volkssagen« dürfen jedoch nicht bedenkenlos als historische Quelle verstanden werden, sondern sind oft Zeugnisse der damaligen romantischen Sicht auf das Mittelalter. Dies gilt vor allem dann, wenn ein historischer Stoff behandelt wird (DTV Lexikon 2003, 1250–1254).
Darum waren auch ideologische Verbrämungen oder Veränderungen von Erzählungen nicht etwa ungehörig, sondern oft sogar gewollt. Sicher hatten die Sagen(auf)-schreiber zudem auch Gefallen daran, die gehörte oder auch gelesene Sage zu verändern, zu erweitern oder ihrem Geschmack anzupassen.

Der Grund für die Erzählungen war meist, dass die Landbevölkerung versuchte, sich Dinge begreifbar zu machen, die unerklärbar schienen. Wurden manche sagenhafte Berichte noch im 16. Jh. für bare Münze genommen und unreflektiert aufgeschrieben (Entzelt 1579), so änderte sich das seit dem 18. Jh. im Zuge der Aufklärung. J. C. Bekmann z. B. versuchte bei seiner Aufnahme der Altmärkischen Altertümer (1751), das Gehörte auf den tatsächlichen Wahrheitsgehalt zu überprüfen – der sich jedoch oft auf den Ort der Handlung beschränkte – und sogar dieser war häufig verändert worden. Die beschriebene Handlung erwies sich meist als Märchen. Der Widerspruch zwischen dem Gelehrtenwissen der Aufklärer und dem Volksglauben hielt sich besonders lange in abgelegenen und armen Gegenden. R. Wossidlo, ein Mecklenburger Sagenforscher, formulierte das zu Beginn des 20. Jh. folgendermaßen: »Mit dem gelehrten Wissen, der Aufklärung, steht ja die Volkssage ihrer Natur nach, soweit sie auf sogenanntem Aberglauben beruht, in stetem Widerstreit. Je vergessener der Winkel ist, desto reiner und reicher wird sich im allgemeinen die Volkssage erhalten. Auf je mehr Wegen die Bildung einströmt, desto größer ist die Gefahr [... dass die Sagen verloren gehen. – Verf.].« (zitiert nach Schmitt 2003, 256). Natürlich darf bei den oft erzählten Geschichten nicht vergessen werden, dass im Laufe der Zeit sich sowohl Handlung als auch Ort verändern konnten. Wahrscheinlich wurden bei solchen Gelegenheiten sogar neue »Sagen« erfunden. Nicht ohne Grund berichteten die bedeutenden Sagensammler A. Kuhn und W. Schwartz (Kuhn/Schwartz 1848, zitiert nach Schmidt 1988, 235), die in der Mitte des 19. Jh. auch die Altmark bereisten, dass sich der Verkehr mit dem Volke ursprünglich hauptsächlich auf Gasthöfe und auf die Personen beschränkte, die sie dort antrafen. Nach J. D. Temme (1839, Vorwort) war die Landbevölkerung ansonsten sehr verschlossen.

Eine hochinteressante Erfahrung zu der möglichen Entstehung von Sagen machte der Schweriner Archäologe R. Beltz in den 1880er Jahren in der Nähe Bad Doberans. Nachdem er dort 1883 ein Großsteingrab ausgegraben hatte, berichtete ihm ein Jahr später ein alter Hirte dieser Gegend Folgendes: »Da war mal ein Mann aus Schwerin hier gewesen, der hat die Hügel ausgegraben und die Menschenknochen mitgenommen, was ja eigentlich ein Unrecht ist. Das war an einem Sonnabend. In der Nacht zu Sonntag fingen mit einem Male die Glocken in dem größten Hügel zu läuten an, dass man das in der ganzen Gegend hören konnte. Als am Sonntag die Leute nach Parkentin in die Kirche gegangen sind, haben sie alle einen weiten Umweg gemacht.« (zitiert nach Schmitt 2003, 257, übertragen aus dem Plattdeutschen durch Verf.) Hier ist das Entstehen einer neuen Sage festzustellen.

Sagen, in denen Steine eine entscheidende Rolle spielen, beziehen sich immer auf deren Standort. In einer Gegend, in der es keinen gewachsenen Fels gibt, müssen die gewaltigen Findlinge sowie die daraus errichteten Großsteingräber einen besonders tiefen Eindruck hinterlassen haben. Hinzu kam die Ehrfurcht vor dem festen, unzerstörbaren, alle Zeiten überdauernden Stein, der häufig als Zentrum eines vermeintlich uralten Kult- und Versammlungsortes angesehen wurde.
Viele Berichte mögen beim Entstehen der Sagen Einfluss genommen haben. Die wichtigste Frage war meist, wer und warum jemand die großen Steine dorthin geschafft hatte. Gewöhnliche Menschen kamen dafür nicht in Frage. Also konnten nur Riesen (»Hünen«), manchmal der Teufel, der Helljäger (dessen Bedeutung ist umstritten) oder aber Menschen, die mit dem Teufel im Bunde waren oder über Zauberkräfte verfügten, verantwortlich gemacht werden. Bereits der dänische Geschichtsschreiber Saxo Grammaticus nannte in seinem um 1200 verfassten Werk »Historica Danica«, die Riesen, die einst Dänemark bewohnten, als Erbauer der Großsteingräber (Hube 2004, 41). Der Mediziner und Theologe Johan Picardt berichtete noch 1660, dass Riesen die Erbauer der gewaltigen Steingräber seiner Heimat gewesen waren (vgl. Bengen 2000, 27). Da der erste und bekannteste Riese der Geschichte Goliath war, stammten in der Folge alle Riesen ursprünglich aus dem Lande Kanaan (Bengen 2000, 28).

Noch interessanter wurden die Steine, wenn sie nicht nur groß waren, sondern sich an ihnen auffällige Vertiefungen, Schälchen, Rinnen oder Rillen befanden, deren Entstehen man sich ebenfalls nicht erklären konnte. Auffälligerweise wurden wesentlich mehr Sagen über besondere Steine als über die Großsteingräber im Allgemeinen aufgeschrieben. Manchmal betrifft eine Sage sogar nur einen besonderen Stein eines »Hünengrabes«; das Grab spielt keine weitere Rolle oder diente nur als Kulisse einer Handlung.

Bestimmte Motive wiederholen sich in den Sagen mehrfach, nur wenige Erzählungen sind als einmalig zu bezeichnen. Häufig spielen Steine werfende Riesen die Hauptrolle (Schadewohl Fpl. 2; Steinfeld Fpl. 1). In der Salzwedeler Gegend tritt der wendische (heidnische) Riese Jan Kahl besonders hervor; er soll insbesondere die neu entstehenden Kirchen in Salzwedel und Kuhfelde mit großen Steinen beworfen haben. Möglicherweise sind die Ursprünge dieser Erzählungen in den Kämpfen zwischen den heidnischen Sachsen und den christlichen Franken im frühen Mittelalter zu suchen. Gleichzeitig wurde hiermit versucht, das Vorhandensein heidnischer Steinanlagen in der Nähe vieler Kirchen zu erklären.
Später wurden die Riesen mitunter durch den Teufel ersetzt, wahrscheinlich um auf den heidnischen Ursprung dieser Anlagen hinzuweisen und damit die »guten Christenmenschen« von jedwedem heidnischen Tun an diesen Plätzen abzuhalten. Die besonders eindrucksvol-

len Großsteingräber bezeichnete man als »Häuptlings- oder Königsgräber« (Diesdorf Fpl. 1; Lüdelsen Fpl. 6) oder als Grab des Riesen Goliath (Stöckheim Fpl. 1). Manchmal wurde aus einem Grab ein profaner »Backofen« (Kläden Fpl. 1; Steinfeld Fpl. 1. – Nähere Angaben finden sich bei den Beschreibungen der einzelnen Gräber, S. 40–171). Sicherlich erinnerte dabei die Form der Grabkammer die Erzähler an einen Backofen. Das Wissen, dass es sich um alte Gräber handelte, war inzwischen verloren gegangen oder dem Sagenerzähler unwichtig. Backhäuser oder -öfen lagen wegen der Brandgefahr häufig außerhalb der Dörfer und wurden durch die Einwohner der umliegenden Orte genutzt. Das erklärt auch die gemeinsame Nutzung der Öfen durch die »Hünen«.
Eine noch im 18. Jh. häufig anzutreffende Bezeichnung für die Decksteine der Grabkammer eines Großsteingrabes ist »Altar« (Bekmann 1751, 345–372). Häufig hatten die Gräber mehrere dieser »Opfertische«. In vorchristlicher Zeit wurden der Sage nach darauf Menschenopfer dargebracht (Leetze Fpl. 1–6); möglicherweise nehmen auch die Versteinerungssagen (versteinern = sterben) darauf Bezug.
Es ist schwierig festzustellen, welche der Sagen tatsächlich »alte Volkssagen« sind oder bei welchen es sich um die Erfindung phantasievoller Erzähler späterer Zeiten handelt. Geschichten, wie die der kämpfenden Riesen von Kläden und Steinfeld erinnern sehr an das Märchen »Das tapfere Schneiderlein«, während bei anderen Erzählungen der Eindruck entsteht, dass hier tradiertes Wissen eingeflossen ist. Manchmal wurden geschichtliche Ereignisse mit Märchen verwoben oder es wurden biblische Erklärungen eingebunden. Besondere Bedeutung bekommen die Sagen, wenn die Namen von bekannten Persönlichkeiten oder gar historische Gegebenheiten eingebaut wurden, wie z. B. die Kämpfe zwischen Deutschen und Slawen. In der Sage aus dem Wötz (Leetze Fpl. 1–8. – Vgl. S. 91–113) will ein fränkischer Ritter den Sachsenherzog Wittekind (Widukind) aufsuchen und trifft dabei in sächsischem Stammesgebiet mit heidnischen Slawen zusammen (z. B. Lehrerverband 1908, 145). Es liegt nahe, dass damit die Sachsen gemeint waren, deren heidnische Bräuche dem christlichen Verhalten des gottesfürchtigen Franken in besonderem Maße widersprechen.
Vielleicht wandelten sich erst während des Aufschreibens die inzwischen längst christianisierten Sachsen in die heidnischen Wenden (»Slawen«). In dieser Sage wird zudem ein Phänomen erwähnt, das mehrere Jahrtausende zurücklag und zur Zeit des Aufschreibens noch unbekannt war: Nachbestattungen in Großsteingräbern. Durch die Siedler der Kugelamphorenkultur z. B. wurden viele der jungsteinzeitlichen Grabanlagen wieder als Bestattungsplätze genutzt. Tatsächlich konnten bisher auch für zwei Gräber im »Wötz« (Leetze Fpl. 1 und Fpl. 6) Nachbestattungen nachgewiesen werden (vgl. S. 91–110).

*1 Die »Wendensteine« bei Ballerstedt.*

Für die Sagen, die sich um die »Wendenkämpfe« bei Ballerstedt (Abb. 1), Flessau oder auch Dahrenstedt ranken, gibt es reale historische Hintergründe. Als im Jahre 1128 der Markgraf der Nordmark, Heinrich von Stade, starb, strebte sein Schwager Albrecht von Ballenstedt (Albrecht der Bär), Markgraf der Lausitz, die Nachfolge an. König Lothar III. beauftragte aber Graf Udo von Freckleben mit der Verwaltung der Nordmark. Hierauf entbrannten mehrjährige Kämpfe um die Vorherrschaft. So überfiel am 15. März 1130 Albrecht in der Nähe von Ballenstedt das Gefolge des Markgrafen, der dabei getötet wurde. Zur Strafe wurde Albrecht die Markgrafenwürde der Lausitz entzogen und erst 1134 bekam er, nachdem er sich mit dem inzwischen zum Kaiser gekrönten Lothar versöhnt hatte, auch die Markgrafenwürde der Nordmark zugesprochen (Partenheimer 2001, 33–47).
Somit ist es sehr wahrscheinlich, dass für diesen Sagenkreis in erster Linie die Kämpfe zwischen den rivalisieren deutschen Fürsten des 12. Jh. als auch die anschließenden Wendenkämpfe östlich der Elbe Pate standen. Zugleich zeigt diese Sage, wie willkürlich die Erzähler Orte und Geschehen mit einander verwoben: die Ähnlichkeit der Ortsnamen Ballerstedt und Ballenstedt bot offensichtlich den Anlass, historische Überlieferung und bekannte Örtlichkeiten mit einander zu verbinden (Temme 1839, 33; Kuhn 1843, 46; Pohlmann 1901, 72 u. 82; Lehrerverband 1908, 151). Das Phänomen dieser »Wandernden Sagen« tritt mehrfach in der altmärkischen Sagenwelt auf.
Ein häufiges Sagenmotiv ist das der versteinerten Braut. Ob es sich dabei um besonders geformte Steine eines Steinkreises handelte oder um eine Grabanlage, ist leider nur noch sehr selten feststellbar, denn diese Steine sind – mit Ausnahme des Lehnekensteins bei Bonese – nicht mehr vorhanden (siehe S. 172). Das Motiv dieser Sagen ist immer gleich: Die Braut will den ihr zugewiesenen Bräutigam nicht heiraten und wird lieber zu Stein. Manchmal versteinert nicht nur sie, sondern die gesamte Hochzeitsgesellschaft. Die Entstehung der Sagen ist auf vorchristliche Bräuche zurückzuführen, bei denen zum einen Verlobungen oder Eheschließungen an besonderen, geheiligten Plätzen durchgeführt wurden und zum anderen der Brautraub und das damit verbundene Sträuben und Wehklagen der Braut Bestandteil der Hochzeitfeierlichkeiten war (Sartori 1910, 77 f.). Auch eidbrüchige Verbrecher werden manchmal in einen Stein verwandelt.

Viele Sagen sollen auch ein weiteres Phänomen erklären, die so genannten »Buttersteine« (vgl. Behrens 1962). Dabei konnte es sich sowohl um Schälchen- als auch um Rinnensteine handeln. Die künstlichen oder auch natürlichen Vertiefungen im Stein konnten nicht auf menschliche Tätigkeiten oder ein natürliches Entstehen zurückzuführen sein. Man versuchte, sie deshalb entweder durch Hexerei oder als Abdrücke von Pferdehufen, Riesenhänden, Wurfriemen, Ketten, Schwerthiebe oder ähnlichem zu erklären, so beispielsweise in Nettgau, Fpl. 1 (vgl. S. 138). »Buttersteine« sind aber tatsächlich auch ausgebuttert, d. h. ausgefettet worden, um eine »Zaubersalbe« von einem heiligen Stein zu gewinnen. Ein alter Brauch, von dem sogar noch aus dem 19. Jh. berichtet wird, war das Schaben von »wundertätigem« Pulver an Kirchen oder Steinkreuzen (Krüger 1859, 17–23; Wankel 1854, 1–15; Bächtold-Stäubli/Hoffmann-Krayer 2000, Bd. 7, 990–992; Bd. 8, 396–401; Bd. 9, 514–515).
Relativ häufig findet man das Motiv der Hufabdrücke von Pferden, manchmal sogar des Teufels, an besonderen Steinen. Wozu die einstmals künstlich angefertigten Rinnen allerdings dienten, muss hier unbeantwortet bleiben. Der so genannte »Stein Treffenfeld« bei Badingen (Ldkr. Stendal) dagegen weist eine natürliche hufeisenförmige Verformung auf (Abb. 2), die ebenfalls Anlass für mehrere Sagen war.

*2 Stein »Treffenfeld« bei Badingen (Ldkr. Stendal). Foto: L. Mittag 2005.*

Oft mag die Form einiger Steine für deren Bezeichnung den Ausschlag gegeben haben, eine passende Geschichte wurde dazu erfunden. Hierfür könnten sowohl der Hilmsener Glockenstein, auch Küsterstein genannt, weil er sich in der Nähe der ehemaligen Schule befindet (Lehrer = Köster), als auch der Backenstein bei Lüderitz (Form eines Riesenbackenzahnes oder Riesenbackofens) aber auch der Lehnekenstein (S. 172–178) als Beispiele gelten.

# Kriegerdenkmäler und Hünengräber

Nach dem verlustreichen 1. Weltkrieg waren viele Tote aus fast allen Dörfern und Städten Deutschlands zu beklagen. Oft blieben die Gräber unbekannt und den Angehörigen fehlte ein Ort für ihre Trauer. Aus der damaligen Mentalität der Heldenverehrung heraus sollten den Gefallenen Denkmäler gesetzt werden. So heißt es in der Chronik von Kläden: »Von jeher kämpften die Söhne der altangesessenen Familien, Männer von deutschen Blut und deutscher Art, um Scholle und Recht, kein Krieg sah sie untätig daheim, immer zogen sie hinaus ins Feld, wenn es hieß, Vaterland und Ehre zu verteidigen. Der Tod, der da draußen seine Ernte hielt, machte nicht Halt vor diesen Männern. ... Auch der Weltkrieg forderte seine Opfer.« (Läseke o.J., 76). Diesen Toten wurden Anfang der zwanziger Jahre Kriegerdenkmäler in den verschiedensten Formen und aus unterschiedlichen Materialien auch in der Altmark errichtet. Sogar eine Kriegergedächtniskirche entstand in Lüdelsen (Altmarkkreis Salzwedel). In der Altmark nutzte man zum Bau dieser Gedenkstätten sehr häufig große und kleine Findlinge (Abb. 1).

*1 Aus Feldsteinen der Mehmker und Hohengriebener Feldmark errichtetes Kriegerdenkmal in Mehmke (Altmarkkreis Salzwedel). Foto: H. Bock.*

Interessant dabei ist, welcher Methoden man sich bei der Errichtung dieser Anlagen bedienten. Trotz der Technik der 1920er Jahre wurden die Gedanken zum mühevollen Bau der Hünengräber gelenkt. Ausführlich beschreibt der Pastor B. Klaere die Errichtung des Ahlumer Kriegerdenkmals, die auch mit dem Denkmal in Bornsen (beide Altmarkkreis Salzwedel) und anderen Orten zu vergleichen ist. Er äußert sich zum Schluss: »Die Menschen, die dabei standen, stellten ihre Betrachtungen an, wie wohl die Alten, die einst das Hünengrab bei Stöckheim oder das große Hünenbett im Nieps angelegt hatten, wie die wohl ohne Maschinenhilfe ihr Werk vollendet hätten.« (Klaere 1922, 10). Und doch lassen sich Parallelen zwischen dem Bau des Denkmals und der Errichtung eines Großsteingrabes ziehen. Die kleineren Steine wurden aus der Ahlumer Feldmark zusammengetragen. Der große Schlussstein stammte vom »Bergabhang des Hellberges« an der Straße von Neumühle nach Ahlum. Der Transport dauerte zwei Tage. Zunächst legte man den Stein mit Schaufeln und Spaten frei. Mit Hilfe von Pferden wurde das Objekt mit einer Eisenkette auf eine Vierbalkenschleppe gezogen. Nach Schätzung der Arbeiter wog der Findling 250 Zentner. Nun stand der Transport nach Ahlum bevor. Dazu nutzte man damals eine Dampflokomobile (Abb. 2 und 3). Ein langes Stahlseil wurde an der Schleppe befestigt, das den Koloss fortbewegte. Beim Transport riss zweimal das Seil. Eine größere Dampfmaschine musste herangeschafft werden, um den Transport zu beenden.

*2 Transport des großen Steines des Ahlumer Kriegerdenkmals (Altmarkkreis Salzwedel) 1921/22 mit Hilfe einer Holzschleppe und Dampflokomobile. Zeichnung: B. Klaere.*

*3 Dampflokomobile mit Stein im Schlepptau. Zeichnung: B. Klaere.*

*4 Bau der Rampe im Jahre 1921 auf dem Dorfplatz in Ahlum.*

Kurz vorm Dorf bekränzten Ahlumer Mädchen den Stein und die Maschine mit Fichtengirlanden und bunten Bändern. Nachdem der Stein vor Ort war, wurde auf dem Dorfplatz ein langer Damm in Form einer schiefen Ebene aufgeschüttet. Pferdegespanne brachten den Sand heran (Abb. 4). Seitenbretter, die mit Rundhölzern belegt waren, stützten die Böschung. Dann wurden drei Trägersteine vor die Erhöhung gestellt. Auf den höchsten Punkt der Rampe stellte man einen »halben Wagen, das Hinterteil eines Vierzöllers«. Über das Wagengestell wurden Stahlseile gelegt (Abb. 5). Mit Hilfe der Dampfmaschine gelangte nun der große Granitblock über die schiefe Ebene auf die Anhöhe. Von dort aus wurde er »mit Hebeln und festen Winden geschoben und gedrückt«, bis er nach tagelanger Arbeit auf die abgestützten Trägersteine gelangte (Abb. 6). Nun konnte die Rampe entfernt werden. Das Denkmal hatte seine endgültige Gestalt bekommen (Abb. 7).

Ähnlich wie in Ahlum entstand das Kriegerdenkmal in Bornsen. Auch hier wurde mittels schiefer Ebene, loser Rollen, Flaschenzüge, Bauhaken und mittels Fahrgestell eines Kastenwagens und fahrbarer Dampfmaschine sowie mit Pferdegespannen das Denkmal errichtet. Die

*5 Fahrgestell eines Kastenwagens mit darüber laufendem Stahlseil in Ahlum. Zeichnung: B. Klaere.*

*6 Der Deckstein vor den abgestützten Trägersteinen in Ahlum, Januar 1921.*

*7 Das fertige hünengrabähnliche Denkmal für die Gefallenen in Ahlum.*

Steine dafür stammen ebenfalls aus der Melliner Gegend.
Der große Stein des Abbendorfer Kriegerdenkmals (Altmarkkreis Salzwedel) musste ebenfalls wie der in der Gemeinde Barnebeck (Altmarkkreis Salzwedel) mit einer Zugmaschine, die von der Firma W. Klauer aus Magdeburg zur Verfügung gestellt wurde, ca. 4 km gezogen werden. Die Arbeit dauerte zwei und einen viertel Tag. Der Transport des Diesdorfer Steines wurde nicht mit einer Maschine bewerkstelligt. Er endete mit einem Unfall und einem Radbruch (Transport 1920). Die Beispiele ließen sich in verschiedenen Varianten fortsetzen, sie ähneln sich jedoch alle.

*8 Zerstörtes Großsteingrab am Kiesgrubenrand nördlich von Kläden (Ldkr. Stendal) bei der Aufnahme durch E. Krause und O. Schoetensack um 1890.*

Eine Ausnahme bildet nicht in der Art und Weise der Errichtung, sondern durch die Herkunft der Steine das 1931 errichtete Klädener Kriegerdenkmal (Ldkr. Stendal). Hier wurden die Steine aus einem nahe dem Dorf an der Kiesgrube gelegenen Großsteingrab entnommen, das sich durch den Kiesabbau bereits in Auflösung befand (Krause / Schoetensack 1893, 136; Abb. 8). Interessanterweise war es der Stendaler Prähistoriker P. Kupka selbst, der den Klädenern die Gestaltung des Ehrenmals in Form eines Dolmen vorschlug – die es in der Altmark eigentlich nicht gibt – und auch den Aufbau überwachte. Es wurde ein Platz auf dem alten Friedhof direkt vor der wuchtigen Feldsteinkirche ausgewählt. An dieser Stelle war einst ein Soldat aus dem deutsch-französischen Krieg (1870/71) beerdigt worden, der beim »Todesritt von Mars-la-Tour« mitgekämpft hatte. Die Chronik von Kläden berichtet über dieses Kriegerdenkmal wie folgt: »Inmitten des alten Friedhofes, umrahmt von knorrigen bejahrten Bäumen, erhebt sich das Denkmal – eine Kammer aus Findlingen, wie sie unsere Vorfahren in den Hünengräbern ihren Toten errichteten.

Die Kirchhofsmauer, zur Hälfte abgetragen, gibt den Blick auf die gewaltige Mittelgruppe der übereinandergetürmten Steine frei, von der aus sanfte frischgrüne Hänge in einen Vorhof auslaufen, in dem zehn je einen Meter hohe Steinblöcke in der Runde die Wache halten. Eiserne Kreuze und die Zahlen der Kriegs- und Nachkriegsjahre sind auf ihnen eingemeißelt. Der Blick gleitet von ihnen aufwärts zu den Jahrtausende alten und nun zu einen Ehrenmal gefügten Steinen. Für alle Zeit scheint das Steingebäude errichtet. Riesenhände scheinen es geschaffen zu haben. Aber nicht Riesen, sondern die Klädener Einwohner haben in mühsamer Arbeit die Steine aus einer Sandgrube herausgeholt und geschichtet. Eine Schleife und ein Vorspann von sieben Pferden waren dazu nötig, die riesigen Findlinge an ihren neuen Standort zu transportieren. Flaschenzüge und Lokomobile mussten helfen sie zu der Grabkammer formen.

Schlicht und gewaltig stehen sie nun dort oben, in einem nach vorn geöffneten Oval angeordnet, das in den Seitenwänden der Kammer von je drei Blöcken flankiert

und von einen einem riesigen, ellipsoidförmigen Findling als Dach gekrönt wird. Ihn nennt man die Deckplatte. Im Innern des so gebildeten Raumes liegt ein einfacher Grabstein mit dem Zeichen des Kreuzes. Eindrucksvoll hebt sich die hellgetönte Gruppe der Grabanlage von der Mauer der Kirche ab, organisch fügt sich die Gruppe in das landschaftliche und architektonische Bild des Friedhofes und des Gotteshauses ein (Abb. 9).
Graf Werner von Hassewitz hatte die Idee, dem Denkmal die Form eines altgermanischen Grabes zu geben. Auf sein Befragen gab ihm unser größter mitteldeutscher Heimatforscher, Professor Dr. Kupka, Stendal, die geschichtlichen Anhaltspunkte und die Formen solcher Gräber, die aus den frühesten Zeiten stammen, aus denen man Funde besitzt.« (Läseke o. J., 9; 76–78).
So war aus einem jungsteinzeitlichen Grab ein »neues« Grab als Denkmal entstanden. Auch die Anlagen von Bornsen und Diesdorf erinnern in ihrer Form an die vielen noch vorhandenen und ehemaligen Großsteingräber der Altmark (Abb. 10).

*9 Kriegerdenkmal von Kläden (Ldkr. Stendal). Foto: L. Mittag 2005.*

*10 Kriegerdenkmal von Bornsen (Altmarkkreis Salzwedel). Foto: H. Bock 2004.*

# Das Großsteingrab von Stöckheim in Sagen und im Bild

Das bekannteste Großsteingrab der Altmark ist das Hünengrab von Stöckheim (Altmarkkreis Salzwedel). Seine exponierte Lage an der Straße von Stöckheim nach Lüdelsen sowie sein riesiger Deckstein, dessen Gewicht auf 22 t geschätzt wird (Krause/Schoetensack 1893, 152), sowie sein markantes Aussehen gaben und geben immer wieder Künstlern, Fotografen und Archäologen Anlass, es abzubilden.

*1 Hünengrab von der Südseite aus gesehen. Grafik von H. Dietrichs um 1880.*

Die ältesten bekannten Darstellungen stammen aus dem 19. Jh. Lithographien, Aquarelle, Zeichnungen, Postkarten, Fotografien und eine Glasmalerei sowie Kinderzeichnungen zeigen das Grab in den verschiedenen Ansichten. Dabei sind jeweils der Zeitgeschmack und die entsprechende Kunstauffassung zu erkennen. Auch in den unterschiedlichsten Quellen findet dieses eindrucksvolle Ganggrab seine Erwähnung. Dabei handelt es sich um populärwissenschaftliche Artikel, Kalenderblätter, Zeitungsartikel und wissenschaftliche archäologische Literatur (z. B. Engel 1930, 90; Schulz 1957; Midgley 1992, Umschlag).

Die älteste Beschreibung des Grabes stammt aus der Feder von J. Fr. Danneil und datiert in die 1830er Jahre. Sie diente als Vorlage für seine Beschreibung der Großsteingräber im 6. Jahresbericht des »Altmärkischen Vereins für vaterländische Geschichte und Industrie« (Danneil 1843). Diese handschriftlichen Aufzeichnungen werden im Stadtarchiv Salzwedel aufbewahrt und sollen hier wiedergegeben werden:

»Spezielle Nachweisung der Hünengräber in der Altmark – Nr. 93 bei Stöckheim – Südlich vom Dorfe in der Grützbucht ein Hünengrab, 42 Fuß lang und 21 Fuß breit. Die Ringsteine fehlen schon meist; sie waren ungewöhnlich klein, 2 bis 3 Fuß lang. Dagegen sind die Träger der ausgezeichneten Grabkammer größtenteils gewöhnlich. Die Kammer selbst hat eine Länge von 32 Fuß und eine Breite von 9 Fuß mit 4 Decksteinen bedeckt. Der erste gegen Norden liegende ist der längste Deckstein in der Altmark, er ist 15 Fuß lang und 10 Fuß breit und 2 1/2 Fuß dick und liegt 3 1/2 Fuß hoch über der Erde auf vier Trägern; durch das Gesunkensein des einen oder einiger hat er sich auf der einen Seite etwas gesenkt, so dass die anderen sich vom 4ten Träger etwas abheben und er nur auf 3 Trägern ruhet. Er ist wie alle Decksteine auf der unteren Seite platt behauen und auf derselben auch so rein als wäre er erst vor kurzem gespalten. Wegen der Größe dieses Decksteines ist das Grab weit und breit berühmt geworden. Schätzen wir wegen der nicht regelmäßigen Form seinen Inhalt auf 360 Cubikfuß, so würde sein Gewicht, den Cubikfuß Granit nur zu 160 Pfund gerechnet, 576.000 Pfund oder über 523 Centner betragen [bis 1.7.1858 gab es eine andere Berechnungsgrundlage: 1 Zentner = 110 Pfund (Mohr/Hühns 1959, 98). Nach den Berechnungen von Danneil würde der Stein 57.600 Pfund wiegen. Sowohl im Manuskript wie auch in der Veröffentlichung (Danneil 1843, 110) ist die Zahl falsch. – d. Verf.]. Die beträchtliche Länge dieses Decksteins ist auch die Ursache, dass er nicht wie alle übrigen seiner Länge nach über der Breite der Grabkammer, sondern nach der Länge derselben liegt, also einen beträchtlichen Teil der Grabkammer alleine deckt. Der Granit dieses gewaltigen Blocks gehört indes nicht zu der festesten Art, denn er besteht fast ganz aus sehr grobkörnigen Feldspath von roter Farbe in großen Kreisstellen, der wenige doch einzelne getrennte Quarz besteht ebenfalls aus größeren sehr klaren Stücken, der Glimmer ist schwarz und findet sich in kleinen Nestern, von ihm ist mehr als vom Quarz. Das Gestein hat dennoch eine lose Fügung und da die obere Seite ziemlich platt ist, so trifft auf der Oberfläche bereits die Verwitterung des Feldspats ein.

*2 Hünengrab von der Südseite aus gesehen. Zeichnung: A. Schott 1888 nach der Vorlage von H. Dietrichs 1880.*

*3 Wanderer, eventuell Bauer der Jungsteinzeit, mit Hünengrab im Hintergrund. Zeichnung M. Tilke, Zeichner von Krause und Schoetensack um 1890 .*

Hierbei liegt die Erklärung einer im Dorfe herrschenden Meinung, dass alljährlich in den Stein drei Löcher einfallen, während die im vorigem Jahre eingefallenen sich wieder schließen. Das letztere geschieht nemlich scheinbar durch die Steinflechten welche sich allmählig ansetzen und die Löcher überziehen, wodurch die Täuschung entsteht« (Stadtarchiv Salzwedel, Rep. II/Abt. XX Ba Nr. 6a S. 41).

Interessanterweise erwähnt Danneil weder die Rille im großen Deckstein, noch erkennt er die zwei Steine, die den Eingang zum Grab bilden und zum Gang gehören. Auch die zahlreichen Sagen, die den Riesen Goliath im Mittelpunkt des Geschehens zeigen und sich in verschiedenen Varianten um das Grab ranken, erwähnt er nicht.

Am ausführlichsten berichtet A. Pohlmann (1901) über die Sagen, die von den Stöckheimern über ihr »Hünenbett« erzählt wurden:

»Das Grab des Riesen Goliath bei Stöckheim

Wir sind schon einmal dem Riesen Goliath begegnet und zwar in der Sage vom Riesenstein bei Stappenbeck. Zum zweiten Mal tritt uns der selbe entgegen bei dem Hünengrabe von Stöckheim. ... Unter dem Deckstein soll der Riese Goliath in einem goldenen Sarge schlafen.

Da der selbe in dem heiligen Lande, wo er für seinen Hochmut und seine Großsprecherei so hart gestraft wurde, nicht länger liegen wollte, so wanderte er aus, um eine andere Ruhestätte zu suchen. Auf seiner Wanderschaft kam der Riese auch nach Stöckheim in der Altmark. Da es demselben an diesem Orte gefiel, stellte er sich die dort befindlichen Steine zur Unterlage zurecht, zog wieder fort und holte seinen goldenen Sarg und den großen breiten Leichenstein von seinem früheren Grabe. Den Sarg nahm er unter den Arm, den Stein aber band er sich, um den selben besser fortschaffen zu können, mit einer goldenen Kette auf den Rücken fest. Auf der langen Reise hatte die Kette nun den Stein beständig gescheuert und dabei einen noch heute sichtbaren Streifen hineingedrückt, welcher einen Zoll tief und einen halben Zoll breit ist. In jeder Neujahrsnacht steigt der Riese Goliath aus seinem goldenen Sarg heraus und

macht drei runde Löcher in den Stein, gerade so groß wie die Wunde an seiner Stirn gewesen ist, welche ihm der kleine David mit dem Stein seiner Schleuder beigebracht hat.
Eine andere Sage erzählt von dem Hünengrab bei Stöckheim, dass sich in der Steinkammer desselben besonders gern die Unterirdischen aufhalten. Die Kinder mögen daher diesem Hünengrabe nicht gern zu nahe kommen, weil sie fürchten, sie möchten von denselben geraubt werden.
Ein früher Verwalter des Rittergutes zu Ahlum hatte bei seiner neugeborenen Tochter alle Vorsichtsmaßregeln gegen die Unterirdischen, welche die Neugeborenen ansehnlichen Kinder gegen hässliche vertauschen sollen, außer acht gelassen. Weil dieser Mann nun ein ungläubiger Mensch war, und selbst die heilige Taufe für unnötig hielt, so wurde sein hübsches Töchterlein gegen ein unansehnliches vertauscht. Der Wechselbalg blieb körperlich und geistig unentwickelt und starb bereits im achtzehnten Lebensjahr.« (Pohlmann 1901, 87 f.).

Immer wieder sieht man interessierte Besucher, die sich das Stöckheimer Grab anschauen. Radfahrer, Wanderer und Autobesitzer und vor allem Reisegruppen suchen besonders im Sommer das bekannte Grab auf. Das machte sich einst ein Stöckheimer Bürger zu Nutze: Es war W. Kahl, der gerne sein Bier im dem Hünengrab benachbarten »Bahnhofskrug« trank. Von dort aus sah er mit Freude die Besuchergruppen kommen, witterte er doch ein kleines Trinkgeld, wenn er den interessierten Laien vom Riesen Goliath und seiner Sage erzählte. Über ein lustiges Ereignis, das ihm bei seinen Erklärungen wiederfuhr, berichtete H. Ungnad in einer Anekdote im altmärkischen Plattdeutsch: W. Kahl hatte wieder einmal die bekannte Sage vom Riesen Goliath erzählt. Da wurde er plötzlich mit einer Frage konfrontiert, die ihm doch großes Kopfzerbrechen bereitete: »Sagen Sie mir doch bitte lieber Mann, wie alt ist denn dieses Hünengrab?« Willi trat von einem Fuß auf den anderen, doch schließlich fiel ihm eine gute Antwort ein: »Föftig Joahr wohn' ik all in Stöcken und so lang staht dat Dirt all!« (»Fünfzig Jahre wohne ich schon in Stöckheim und so lange steht das Ding bereits!«) – W. Kahl wusste sich durchaus zu helfen. Anschließend marschierte er mit seinem Trinkgeld in die Bahnhofsgaststätte (Ungnad 1987, 44).

*4 Älteste gezeichnete und kolorierte Postkarte von Stöckheim um 1895 (datiert 1899). Überhöhte Darstellung des Großsteingrabes von Süden her betrachtet.*

In den Bildern, die immer wieder die Phantasien der Besucher anregten spiegelt sich die Kunstauffassung der jeweiligen Entstehungszeit wider.

Die ältesten Darstellungen stammen aus den 80er Jahren des 19. Jh. Es sind Grafiken, denen etwas Romantisches anhaftet. Sowohl H. Dietrichs als auch A. Schott stellen das Großsteingrab mit untergehender Sonne dar. Einige Krähen sitzen auf oder umflattern den großen Deckstein. Die Darstellung von A. Schott lehnt sich an die von H. Dietrichs an (Abb. 1 und 2). In der Zeichnung von M. Tielke, dem Zeichner von E. Krause und O. Schoetensack (Abb. 3), sieht man einen prähistorischen »Wanderer« mit Stock, der dem Stöckheimer Grab zustrebt und es von weitem in Augenschein nimmt.

Bereits am Ende des 19. Jh. entstanden die ersten Postkarten, die noch gezeichnete Darstellungen tragen. Historistische Verzierungen im Rokokostil schmücken mit Blüten die Abbildungen des Dorfes und der Großsteingräber von Stöckheim und Lüdelsen. Beide Gräber sind übergroß im Verhältnis zu den Menschen dargestellt. Das »Königsgrab« von Lüdelsen wird als »Massengrab« bezeichnet. Die Karte ist handkoloriert (Abb. 4).

Nach 1900 verdrängte die Fotografie die Zeichnung. Auf einer Postkarte um 1905 sind zwei Fotos (Bahnhof und Hünengrab) von Jugendstilranken und -blüten umgeben. Auch der Giebel des Bahnhofs zeigt eine Jugendstil-

gestaltung. Vor dem Grab wurden zwei Personen in lesender und sitzender Haltung postiert (Abb. 5 a/b). Besonders unter den Dorfschullehrern war es um 1910 üblich, Ausflüge zu interessanten Stätten zu unternehmen. Dies wurde mitunter im Foto festgehalten, was noch keinesfalls selbstverständlich war, denn die Fotografie steckte noch in den Anfängen. Abb. 6 zeigt die zwei Lehrer von Jübar: H. Bock sen. und P. Behnecke, den Lüdelsener Lehrer H. Bock jun. sowie den Bauern Jordan aus Jübar, der die Kutsche fuhr sowie den Lehrer Ritter. Das Foto machte der Lehrer A. Bock aus Hanum.

*5 a (oben) Älteste Postkarte mit Fotografien des Bahnhofes (erbaut 1903) und des Großsteingrabes um 1905 (handkoloriert).*
*5 b (unten) Ansicht des Großsteingrabes. Auszug aus der Postkarte Abb. 5 a.*

*6 (rechts) Besuch des Hünengrabes um 1910, v. l. Lehrer Ritter, Ackermann Jordan, Lehrer P. Behnecke, Kantor H. Bock (alle Jübar); Lehrer H. Bock (Lüdelsen). Foto: A. Bock.*

*7 Hünengrab bei Stöckheim. Aquarell von E. Krause.*

*8 Bleigefasste Glasmalerei im Eckfenster der Gaststätte Teitge in Stöckheim um 1925.*

*9 Postkarte vom Stöckheimer Grab. Um 1925. Dieses Foto diente als Vorlage für die Glasmalerei in Abb. 8.*

Das Aquarell von Eduard Krause (vor 1922 entstanden) zeigt das Grab frei von Baumbewuchs in eine Heidelandschaft eingebettet. Die Darstellung ist sehr naturalistisch gestaltet. Sie betont den wuchtigen Aufbau der Grabanlage (Abb. 7).

Auch eine bleigefasste Glasmalerei in kräftigen Farben zeigt den großen Deckstein mit dem Ostteil der Grabanlage von Norden her gesehen. Das Bild gibt detailgetreu die Natur und die Steine wieder (Abb. 8). Das Glasbild entstand um 1925 und befindet sich im Eckfenster der Gaststätte Teitge in Stöckheim.

Nach dem 1. Weltkrieg entstanden unzählige Fotografien für Postkarten, als Privataufnahmen und für Publikationen sowie die Presse (Abb. 9). Eine ausgewählte Postkarte aus der Zeit um 1935 deutet durch eine flatternde Hakenkreuzfahne am Bahnhof auf die nationalsozialistische Zeit hin (Abb. 10).

Vielfach wurde das Stöckheimer Grab in den 1970er und 80er Jahren von dem Kunstgeschichtslehrer und Künstler K.-J. Finger (1941–1999) gemalt, gezeichnet und in Form von Radierungen dargestellt. Ein Aquarell von ihm zeigt die Grabanlage im Winter 1978 (Abb. 11).

Immer wieder besuchte er mit Schulklassen das Megalithgrab. Eine Buntstiftzeichnung von dem 11-jährigen K. Bubke aus Stöckheim aus dem Jahr 1984 ist ein Beispiel dafür (Abb. 12).
Bis in die Gegenwart hinein und hoffentlich noch viele weitere Jahre wird die imposante jungsteinzeitliche Anlage weitere Generationen dazu animieren, sie abzubilden.

*10 Postkarte vom Stöckheimer Bahnhof mit Hakenkreuzfahne und dem Hünengrab, von der Nordseite fotografiert um 1935.*

*11 Gesamtansicht des Hünengrabes im Winter von Norden her betrachtet. Aquarell von K.-J. Finger 1975.*

*12 Kinderzeichnung mit Buntstiften im Zeichenunterricht von K. Bubke, Stöckheim 28. 2. 1984.*

# Schälchen, Rinnen, Rillen und Sprenglöcher

*1 Auf einem Schälchenstein in Jeetze befindet sich auf der Spitze des Steines ein ovales, aus zwei runden Schälchen entstandenes Schälchen zwischen vielen runden.*

*Fotos: L. Mittag 2005*

Nur etwa ein Viertel der um 1890 bekannten Großsteingräber existiert noch heute und nur ein geringer Teil dieser Gräber ist vollständig bzw. zu einem größeren Teil erhalten. Wenn daher noch 20 von 47 Gräbern aufgezählt werden können, bei denen man künstlich angefertigte Schälchen oder Rinnen findet, so handelt es sich lediglich um den heutigen Zustand. Da inzwischen nicht nur Steine verschwunden sind, sondern viele umgestürzt, mit Moos bewachsen oder unzugänglich und nicht von allen Seiten sichtbar sind, besteht durchaus die Möglichkeit, dass noch weitere Steine mit Schälchen oder Rinnen versehen sind. Als weiteres Problem erweist sich, dass es mitunter schwierig ist, zwischen künstlich hergestellten und natürlich entstandenen Vertiefungen zu unterscheiden. Einige Male befinden sich sowohl eindeutig künstlich angefertigte als auch »natürliche« Schälchen nebeneinander auf einem Stein (z. B. Stöckheim).

Vielleicht hat manchmal erst das Vorhandensein von natürlichen Vertiefungen die Menschen dazu angeregt, künstliche Schälchen hinzuzufügen.
Heute wird diskutiert, dass erste Schälchensteine schon in der Jungsteinzeit entstanden, während noch vor einigen Jahren eine Entstehung erst seit der Bronzezeit vermutet wurde. Nur wenige, dafür aber recht eindeutige

Grabungsbefunde bestätigen, dass zumindest während der Bronzezeit größere Schälchensteine im Grabkult Verwendung fanden (Kossian 2000, 88–94; Laux 2000, 98). E. Schuldt (1972,79) hielt es für »... hinlänglich bewiesen, dass die Schälchen auf den Blöcken der mecklenburgischen Megalithgräber zumindest mit den Erbauern der Monumente, ... nicht in Verbindung gebracht werden sollten.« R. Kossian (2000, 82) vertritt die Ansicht, dass der Brauch, Schälchensteine anzufertigen »... frühestens während der mittleren Phase der Jungsteinzeit, wahrscheinlicher jedoch erst während des Spätneolithikums bzw. während der frühen und älteren Phase der Bronzezeit ...« üblich war.

Meist sind die künstlichen Schälchen rund. Sie können zwischen 0,5 und 3 cm tief sein und bis zu 9 cm Durchmesser haben. Die Mehrzahl der Schälchen misst zwischen 3 und 6 cm und ist ca. 1,5 cm tief. Neben den runden kommen auf manchen Steinen auch ovale Schälchen oder unregelmäßig eingetiefte Löcher vor. Die gleichmäßig ovalen Vertiefungen könnten durch die Verbindung zweier oder mehrerer runder Schälchen entstanden sein (Abb. 1).

Konnte man die unregelmäßigen Vertiefungen sicherlich mit einem anderen Stein ausschaben oder einpicken, so erscheint das bei den kreisrunden schwer vorstellbar. Für deren Entstehung kommt vermutlich nur das Bohren in Frage *. Dies bedeutet, dass vielleicht eine vorgepickte Vertiefung mit Hilfe von Wasser, Sand und einem rotierenden Holzstab nachgeschliffen wurde oder dass die Schälchen ausschließlich mit einem Bohrgerät angefertigt wurden. Der Bohrkopf musste dann aber im Durchmesser genau so groß sein wie das Schälchen. Um ein 9 cm großes Schälchen anzufertigen, musste somit der Bohrer ebenfalls einen Durchmesser von 9 cm besitzen, was einen beachtlichen Kraft- und Zeitaufwand voraussetzte sowie ein entsprechendes Gerät! Möglicherweise sind einige der kreisrunden Schälchen mit »uhrglasförmigem« Profil mit Hilfe von Metallplatten, Münzen oder ähnlichem ausgeschabt worden.

Alle bisher entdeckten Schälchen an Großsteingräbern sind auf sichtbaren Steinoberflächen angebracht worden, in der überwiegenden Mehrzahl auf der Oberseite der Decksteine (21 mal). Auch bei den verschleppten oder modern umgesetzten Steinen, wie in Bretsch (Ldkr. Stendal) und in Winterfeld (Altmarkkreis Salzwedel), ist davon auszugehen, dass es sich hier ehemals um Decksteine handelte. In Drebenstedt (Altmarkkreis Salzwedel) findet sich die einzige sichere Ausnahme: hier wurden die Schälchen auf dem »Kopf« eines Wächtersteines angebracht. Von Bedeutung ist, dass die Schälchen der altmärkischen Großsteingräber niemals in der Grabkammer auftreten.

** Eindeutig in jüngerer Zeit eingebohrt ist ein Loch auf dem Deckstein des Grabes Bretsch Fpl. 1; wahrscheinlich sollte dieser Stein im 19. Jh. mit Pulver gesprengt werden. Alle anderen runden Schälchen sind nur eingetieft.*

2 *Schälchen im Backsteinmauerwerk der Mönchskirche in Salzwedel.*

Oft wird vermutet, dass die Schälchen zur Aufnahme von Opfergaben oder Blut gedient haben. Dagegen spricht die zu geringe Größe der meisten Vertiefungen, aber auch, dass sie häufig an Stellen angebracht wurden, die aufgrund ihrer Lage nicht dazu geeignet scheinen, Dinge aufzunehmen. Noch aus dem Schweden des 19. Jh. wird aber berichtet, dass an einigen der Schälchensteine Hosenknöpfe oder kleine Münzen befestigt wurden, man brachte Speiseopfer dar und strich die Schälchen mit Honig oder Butter aus (Bächtold-Stäubli / Hoffmann-Krayer 2000, 514 f.; Wankel 1884, 3). »Buttersteine« sind auch aus der Sagenwelt der Altmark bekannt (Behrens 1962).

Die Annahme, dass das Ritual, Schälchen anzufertigen, in der Bronze- oder Eisenzeit endete (vgl. Busch / Capelle / Laux 2000; Kossian 2000; Schuldt 1972), lässt sich ebenso wenig beweisen wie die folgenden Überlegungen. Nach Überzeugung des Verfassers besteht zumindest eine geistige Verbindung zwischen den frühgeschichtlichen und den mittelalterlichen bzw. neuzeitlichen Schälchen. An vielen Kirchen und Steinkreuzen, aber auch an Stadttoren, Rathäusern sowie Rolandsfiguren finden sich Schälchen oder Wetzrillen. In der Regel geht man davon aus, dass sie entstanden sind, indem man mit Hilfe von Münzen, Metallscheiben oder Messern ein »heilkräftiges« Pulver aus dem Stein schabte, das dann entweder mit Fett zu einer Salbe weiterverarbeitet wurde oder aber als Medizin zu sich genommen wurde (Urban 1993, 34). Auch mischte man das Pulver in das Viehfutter oder in das Essen.

Auch Soldaten, die in den Krieg zogen oder Reisende, die eine große Unternehmung vor sich hatten, sollen an Kirchen oder Steinkreuzen Pulver geschabt haben, um eine Verbindung zur Heimat zu bewahren und um bei Bedarf ein Heilmittel zur sofortigen Verfügung zu haben (Urban 1993, 29). In diesem Zusammenhang sei darauf verwiesen, dass nach neueren Untersuchungen sich auffällig viele Schälchensteine – wie übrigens auch die Großsteingräber – in der Nähe von oder direkt an alten Wegen befinden (Sommer-Scheffler 2005). Auch vor diesem Hintergrund erscheint die Deutung der Schälchen an den Kirchen nur als »Abwehrzauber« (Kögler 2004, 118–125) als zu einseitig und wirkt sehr konstruiert.

Es ist selbstverständlich einfacher, Pulver aus einem Back-, Sand- oder Kalkstein zu schaben als aus einem Felsgesteinblock und so kann daher die Form der Schälchen in einem Granitfindling eine andere sein als z. B. in einem Ziegel- oder Sandstein (vgl. Abb. 1 und 2). Dennoch mag die »mittelalterliche« Sitte durchaus älter sein als die Kirchenbauten, an denen sie ausgeführt wurde, aber die gleichen Gründe haben und blieb daher in der Altmark bis in die Neuzeit hinein Brauch (Krüger 1859). Eine weitere Verbindung könnte sich aus den Ritzungen auf einigen neu entdeckten Schälchensteinen ergeben.

Auf zwei Schälchensteinen aus Jeetze und Kerkau (beide Altmarkkreis Salzwedel) findet man neben den bereits beschriebenen schälchenartigen Vertiefungen unterschiedlicher Größe mehrere kurze, in Gruppen angeordnete Einritzungen. Auch auf einem seit längerer Zeit bekannten, in einem Kriegerdenkmal eingemauerten Stein von Groß Gischau (Altmarkkreis Salzwedel) befinden sich zu beiden Seiten der angeordneten runden Näpfchen markante horizontal verlaufende kurze Rillen (Abb. 3). Auf einem anderen Stein des Kriegerdenkmals findet man ausnahmslos Ritzlinien (Abb. 4). Allerdings fanden bisher nur die Schälchen oder Näpfchen Beachtung. Wird davon ausgegangen, dass zwischen den Schälchen und den Rillen ein zeitlicher Zusammenhang besteht, dann besaßen beide Phänomene wohl auch eine kultische Bedeutung *.

Wie spekulativ die Deutung dieser Phänomene aber ist, wird deutlich, wenn man sich Überlegungen zur Anordnung der Schälchen des Stöckheimer Grabes vor Augen hält. Hier wurde aus der Anordnung verschiedener Schälchen ein Sternbild rekonstruiert **, woraus wiederum Behauptungen zur angeblichen Bedeutung des in die Jungsteinzeit zu datierenden Stöckheimer Grabes für die Germanen und letztendlich für die gesamte Weltgeschichte abgeleitet wurden (Stuhl 1933)!
Die Entstehung der Schälchen zog sich offensichtlich über einen längeren Zeitraum hin bzw. lässt sich zeitlich nicht näher eingrenzen; zudem befinden sich auf dem

*3 Frühgeschichtlicher Schälchenstein mit Ritzungen in Groß Gischau.*

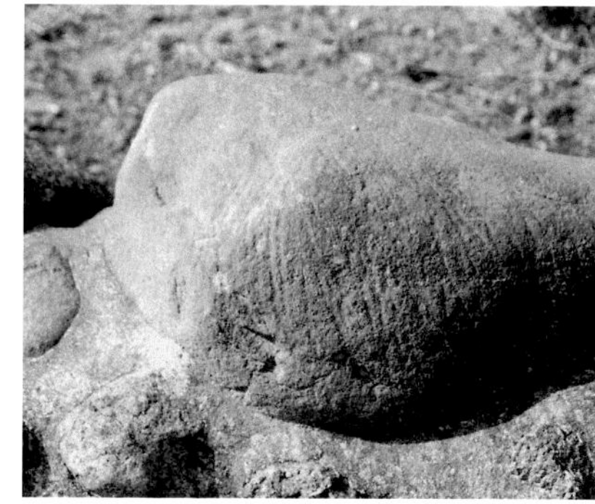

*4 Stein mit Ritzungen in Groß Gischau.*

** Die Steine von Jeetze und Groß Gischau stammen wahrscheinlich nicht von Großsteingräbern, sondern lagen separat und gehörten eher einem steinernen Kultplatz oder einem Steinkreis an.*

*** Aus den vielen Schälchen des Decksteines lassen sich allerdings verschiedene Sternbilder konstruieren, wenn jeweils die Schälchen ausgelassen werden, die nicht in das gewünschte Bild passen.*

5 *Rinne am Stöckheimer Großsteingrab.*

Stöckheimer Stein sehr viele natürlich entstandene Vertiefungen. Sowohl Danneil als auch, sich wohl auf diesen berufend, Krause und Schoetensack (1893, 152) waren der Meinung, dass es sich dabei ausschließlich um durch Verwitterung entstandene »Schälchen« handele. Dies trifft so nicht zu. Interessant ist aber die Legende, derzufolge in jeder Neujahrsnacht drei neue Schälchen auf dem Stein erscheinen und dafür drei andere verschwänden. Dies könnte auf einen sehr langen Zeitraum der »Nutzung« des Steines als Pulverlieferant hindeuten. Es entstanden demnach immer wieder, sozusagen auf geheimnisvolle Art, neue Schälchen, und da die alten mit der Zeit verwitterten, nahm man an, dass auch immer wieder Schälchen verschwanden.

6 *Rinne am Großsteingrab Schadewohl, Fpl. 2.*

Der Deckstein des Stöckheimer Grabes trägt neben über 80 künstlichen und natürlich entstandenen Schälchen eine weitere Besonderheit. An der Südwestseite des Steines befindet sich eine künstlich angefertigte Rinne mit dreieckigem Profil (Abb. 5). Die Rinne ist ca. 1,55 m lang und halbumlaufend; wann sie entstanden ist, ist unsicher. Vielleicht sollte die Rinne dazu dienen, ein Stück des Steines abzusprengen. Es gibt Beispiele dafür, dass man Steine mit Hilfe von künstlichen Spaltrillen trennte. Im vorliegenden Falle ist es aber fraglich, ob die Rinne tatsächlich nur dazu dienen sollte, ein kleines Stück des Steines abzusprengen. Denn Steine der gewünschten Größe waren überall in der Umgebung zu finden.
Ähnliche Überlegungen lassen sich zum westlichen Deckstein des Grabes Schadewohl, Fpl. 2 anstellen (Abb. 6). Ebenfalls an der Südseite des Steines befindet sich eine tiefe Rinne, hier allerdings mit rechteckigem Profil. Möglicherweise war bereits das Einarbeiten von Rinnen eine kultische Handlung, die häufig wiederholt wurde und damit über einen sehr langen Zeitraum erfolgt sein kann. Beweisen lassen sich auch diese Überlegungen nicht *. Außer Frage steht aber, dass die Rinne künstlich angefertigt worden ist. Der »Opferstein« von Melzingen (Ldkr. Uelzen) weist durch seine halbumlaufende Rinne eine große Ähnlichkeit mit dem Stöckheimer Stein auf. Hier haben Ausgrabungen Hinweise dafür erbracht, dass an diesem Stein tatsächlich in frühgeschichtlicher Zeit geopfert wurde (Laux 2000, 78 f.).
Weitere künstlich eingetiefte Rinnen finden sich am Großsteingrab von Drebenstedt (Altmarkkreis Salzwedel) (Abb. 7). Hier tragen nicht die Decksteine Rinnen, sondern zwei sich gegenüberstehende Umfassungssteine. Auf der Nordseite des einen befindet sich eine halbrunde hufeisenförmig eingetiefte, bis zu 5 cm tiefe Rinne mit sich verjüngendem Profil. Oben ist die Rinne 6 cm und unten noch 2 cm breit. Ihr Erscheinungsbild lässt vermuten, dass hier möglicherweise ursprünglich

*7 Großsteingrab Drebenstedt, halbkreisförmige Rinne auf einem Umfassungsstein.*

** Allerdings wird auch die Ansicht vertreten, dass es sich zumindest in Stöckheim um eine »moderne« Spaltrinne handelt (mündl. Mitt. H.-U. Kelch, Berlin sowie D. Schünemann, Verden/Aller).*

*8 Vom Backenstein in der Letzlinger Heide wurde ein großes Stück abgesprengt, das Bohrloch für die Sprengladung ist noch deutlich zu erkennen.*

ein Kreis entstehen sollte. Gegenüberliegend, auf der Südseite eines Steines der südlichen Steinreihe ist ein nach unten offener Kreisbogen, ebenfalls hufeisenförmig, ausgepickt worden. Die ausgepickte Rinne ist spitz zulaufend, oben 3 cm breit und 3 cm tief. Vermutlich verlief ehemals eine weitere Rinne über den Stein. Diese ist nur noch andeutungsweise erhalten. Hufeisenförmige Rinnen gab es an Steinen häufiger. Mehrfach tauchen »versteinerte Hufabdrücke« von Pferden oder Teufeln in altmärkischen Sagen auf (u. a. Lehrerverband 1908, 147; 150f.).

Zwei Rinnen trägt ein Umfassungsstein im Südosten der Grabanlage Leetze, Fpl. 3. Die Form lässt sich nicht mehr eindeutig rekonstruieren, da der Stein sehr grobkristallin und stark verwittert ist. Beide Rinnen waren oben 6 cm breit, die eine ist halbrund im Profil und ca. 4 cm tief, die andere spitz und 7 cm tief. Möglicherweise befanden sich auf diesem Stein zusätzlich zwei große ovale Schälchen.

Eine weitere, in diesem Falle senkrecht verlaufende Rinne befindet sich auf der Innenseite des nordwestlichen Giebelsteines der Grabkammer des Grabes Diesdorf, Fpl. 3. Die Rinne ist noch 60 cm lang, 2 cm breit und 2 cm tief.

Eine interessante und rätselhafte rinnenförmige Vertiefung befindet auf der Oberfläche eines halb eingesunkenen Decksteines des Klädener Grabes. In ihrer sichtbaren Form erinnert sie an einen frühbronzezeitlichen Stabdolch bzw. an einen Haken (Sichel). Der »Griff« ist 45 cm lang, der sichtbare »Haken« etwa 40 cm. Die Rinne ist außergewöhnlich tief ausgearbeitet, und zwar bis zu 20 cm. Oben ist sie bei rechteckigem Querschnitt bis 5 cm breit. Nach unten verjüngt sie sich stark und ist dort eher halbrund und teilweise sehr eng.

Auf der heutigen Oberseite eines umgefallenen »Wächtersteines« im Südwesten der Umfassung des Steinfelder Großsteingrabes befinden sich auffällig viele schmale »Wetzrillen«. Diese Rillen kreuzen sich teilweise, im Kreuzungspunkt befindet sich jeweils eine kleine Vertiefung. Möglicherweise sind diese Rillen, ähnlich wie die Rillen an vielen Steinkreuzen oder Kirchen, durch das Wetzen von Schwertern, Dolchen oder Lanzenspitzen entstanden. Mit diesem Wetzen an »heiligen Steinen« wollte man die Waffen »weihen und unverletzbar machen«, also für den Kampf »segnen« und natürlich auch schärfen (Wankel 1884, 5). Vielleicht ist aber auch hier das »Pulverschaben« oder das »Feuerbohren« die eigentliche Ursache für die Entstehung dieser Rillen gewesen.

Insgesamt findet man heute noch an fünf der 18 Gräber, bei denen Schälchensteine vorkommen, auch Rinnensteine. Mit Ausnahme des Stöckheimer und möglicherweise des Leetzer Steines tragen die Rinnensteine keine Schälchen.

Verschiedentlich wird berichtet, dass man im 19. und noch im 20. Jh. große Steine mit Schießpulver auseinander sprengte. Zu diesem Zweck bohrte man Löcher in den Stein, füllte sie mit Schießpulver und zündete anschließend die Ladung. Nicht immer gelangen solche Versuche, sodass man manchmal die Steine dann auch einfach liegen ließ (Pohlmann 1901, 216; Lehrerverband 1908, 158)* (Abb. 8).

Eine andere Methode, Steine zu spalten, war das Einmeißeln von Keillöchern. In diese schlug man Holzkeile, die mit Wasser getränkt aufquollen und den Stein allmählich auseinander trieben (Abb. 9). Später benutzte man Eisenkeile, die mit Führungsblechen in den Stein getrieben wurden und diesen dadurch auseinander trieben. Auch mit Hilfe von Feuer und Wasser wurden Steine gespalten. Wenn man die Steine »nur vernichten« wollte, dann wurden sie oftmals einfach eingegraben (Bekman 1751, 367; Mittag 1992) oder man schlug sie mit einem Spalthammer auseinander (Bengen/Brohm/Löbert 1998, 47).

Ein Deckstein des Grabes Bretsch, Fpl. 1, sowie ein ehemaliger Umfassungsstein des Grabes Tangeln, Fpl. 1, weisen runde Sprenglöcher bzw. den Rest eines solchen auf. Beim Grab Diesdorf, Fpl. 2, sind hingegen an zwei umgestürzten Umfassungssteinen noch deutliche Überreste rechteckiger Spaltlöcher zu erkennen. Nicht jeder Stein spaltete so, wie es gewünscht war. Steine eigneten sich nur zum gezielten Spalten, wenn sie auch »gut gewachsen« und hart genug waren, so dass sie nach dem Trennen verwendet werden konnten. Bei den Steinen, die mit Feuer und Wasser bzw. mit Schießpulver auseinander gesprengt wurden, kam es allerdings weniger auf

*9 Der Stein aus Bonese (in der Nähe des Lehnekensteins) lässt Keillöcher erkennen.*

** Mündl. Mitt. D. Lüthe (Salzwedel), der in seiner Kindheit in den 1930er Jahren noch recht häufig solche Sprengungen beobachtet hat.*

*10 Dieser Stein aus Ellenberg weist eindeutig moderne Spaltrillen auf.*

die Qualität als auf die Quantität des Steinmaterials an. Wie man Rillen ohne Keile anfertigte, wie offensichtlich in Stöckheim, aber auch beim Ellenberger Stein (Altmarkkreis Salzwedel) (Abb. 10), konnte bisher nicht in Erfahrung gebracht werden. Vielleicht wurde eine Art »Seilsäge« eingesetzt. Selbst J. C. Bekmann (1751, 367) konnte sich diese Art der Steinbearbeitung nicht mehr erklären. Auch ein erst 2005 in Kaulitz / Altmarkkreis Salzwedel, entdeckter Stein, weist eindeutige Spaltrinnen bzw. deren Überreste auf. Die Nähe zur Kirche und das offensichtliche Misslingen der Spaltung legen die Vermutung nahe, dass der Stein ursprünglich beim Bau der Kaulitzer Feldsteinkirche verwendet werden sollte; nachdem er sich aber nicht mehr für den vorgesehenen Zweck eignete, wurde er einfach liegen gelassen und später, weil er störte, eingegraben.

Es bleibt festzuhalten, dass niemand bisher den genauen Zweck bzw. die Art und Weise kennt, wie und warum Schälchen oder Näpfchen an den Decksteinen der Großsteingräber als auch an einzelnen besonderen Feldsteinen angebracht wurden. Beachtlich ist, dass für Kirchen, Steinkreuze und andere heilige Orte die Überlieferung eindeutiger ist. Dass es eine Verbindung zwischen beiden genannten Phänomenen gibt, kann zwar vermutet, nicht aber bewiesen werden. Ebenso verhält es sich mit den künstlich angefertigten Ritzungen. Bei einigen Rinnen handelt es sich mit Sicherheit um die Spuren früherer technischer Spaltversuche, während einige andere rinnenartige Eintiefungen immer noch Rätsel aufgeben und möglicherweise im kultischen Bereich angesiedelt werden können.

BARBARA FRITSCH
JOHANNES MÜLLER

# Zum Zeit- und Energieaufwand bei der Errichtung eines Großsteingrabes

*Transport eines über 8 t schweren Blockes mit einem Schlitten bei den Nias, Indonesien.*

Immer wieder wird die Frage gestellt, mit welchen Hilfsmitteln die Großsteingräber wohl errichtet worden sind, welcher Zeit- und Energieaufwand dafür erforderlich war.

Für derartige Überlegungen sind vor allem Vergleiche mit ethnographischen Beobachtungen von großem Gewinn. Überträgt man die dort gewonnenen Erkenntnisse auf die Großsteingräber in der Altmark, so lassen sich trotz der unsicheren Ausgangslage einige bemerkenswerte Ergebnisse erzielen.

Dies soll beispielhaft für das Großsteingrab von Drebenstedt, Fpl. 2 vorgestellt werden.

Bereits Danneil (1843) und Krause / Schoetensack (1893) beschrieben den immensen Umfang des Großdolmens mit trapezförmiger Umfassung: fast 45 m lang und 7,5 m breit, dazu eine ca. 9 m lange und 2 m breite Grabkammer (vgl. S. 77). Letztgenannte Autoren rechnen die von Danneil mitgeteilten Maße in Kubikmeter bzw. Tonnen an Granit um, die vor über 5000 Jahren verbaut wurden (Krause / Schoetensack 1893, 147). Die von ihnen angegebenen Stückzahlen stimmen der neuesten Aufnahme zufolge nicht genau, wurden jedoch für diese Berechnung übernommen, da sich das Ergebnis kaum ändert.

| | | |
|---|---|---|
| 60 | Umfassungssteine von je 1,9 m Länge, 0,6 m Breite und 0,6 m Dicke | 27,3 m³ |
| 1 | Wächterstein, besonders groß (ca. 3,8 m x 2,0 m x 0,7 m) | 3,5 m³ |
| 12 | Wandsteine der Kammer von je 2,4 m Länge, 1,25 m Breite und 0,55 m Dicke | 13,2 m³ |
| 4 | Decksteine von je 2,5 m Länge, 1,0 m Breite und 0,6 m Dicke | 4,0 m³ |
| 1 | Deckstein, besonders groß: 2,5 m x 1,9 m x 1,0 m | 3,2 m³ |
| | Ausfüllung des Raumes der Steinumfassung wohl zur Hälfte mit Geschieben ([44 m x 6,3 m x 1 m] / 2) | 138,6 m³ Steine |
| | Ausfüllung des Raumes der Steinumfassung wohl zur Hälfte mit Erde ([44 m x 6,3 m x 1 m] / 2) | 138,6 m³ Erde |

Wenn für einen Kubikmeter Granit ein Gewicht von 2.750 kg angenommen wird, so mussten im ganzen 189,8 m³ Granit, also mehr als 500 t zur Stelle geschafft werden.

Um herauszufinden, ob eine lokale Gemeinschaft (ein oder mehrere Dörfer) überhaupt in der Lage war, eine solche Anlage mit einfachen technischen Mitteln und begrenzter Arbeitszeit zu errichten, wurde versucht, die in einem großen Megalithgrab steckende Arbeitsleistung zu ermitteln. Dazu müssen zunächst die verschiedenen Bauelemente unterschieden werden:

1. Kammer
Die Wandsteine tragen insgesamt fünf große Decksteine. Alle Findlinge mussten herantransportiert und die Träger in vorbereiteten Gruben aufgestellt werden. Trockenmauern füllen die Lücken zwischen den Wandsteinen aus. Eine Steinpackung aus Geröllen stützt vermutlich als Mantel die Kammer. Den Boden der Kammer bedeckten wie in Leetze Fpl. 6 mehrere Lagen aus Feldsteinen und Granitgrus. Die tonnenschweren Decksteine mussten auf die Wandsteine aufgelegt werden (siehe auch Abb. 2 S. 34).

2. Umfassung
Etwa 60 Umfassungssteine und besonders große »Wächtersteine« mussten ebenfalls herantransportiert und in vorbereiteten Gruben aufgestellt, die Zwischenräume mit Trockenmauerwerk geschlossen werden. Anschließend wurde der gesamte Innenraum bis zur Höhe der Decksteine mit Erde und Geschiebe aufgeschüttet.

Aufgrund völkerkundlicher und experimentell-archäologischer Beobachtungen können in etwa Richtwerte für die Dauer von Arbeitsgängen unter den arbeitstechnischen Bedingungen der Jungsteinzeit rekonstruiert werden. Es handelt sich um folgende Werte (vgl. Müller 1990):

1. Erde/Boden/Gerölle lockern: ca. 670 kg Material pro Personenstunde;
2. Steintransport: ca. 50 kg pro Personenstunde auf 1 km Distanz;
3. Erdtransport: ca. 450 kg pro Personenstunde auf 100 m Distanz;
4. Ziehen großer Blöcke mit Hilfsmitteln (z.B. Schlitten oder Rollen): ca. 1 t pro 132 Personenstunden auf 1 km Distanz;
5. Ausheben von Gruben: ca. 1 m3 pro Personenstunde;
6. Errichten eines Steinmantels: ca. 400 kg pro Personenstunde;
7. Aufstellen von großen Steinen: ca. 1 t pro 65 Personenstunden;
8. Niederlegen von Decksteinen: ca. 1 t pro 35 Personenstunden.

Daneben fallen noch Arbeitsgänge wie z.B. das Planieren des Bauplatzes und das Ausfüllen der Zwickel mit Trockenmauern an, die bei dieser Berechnung jedoch vernachlässigt werden.

Aus den genannten Daten ergibt sich für das Grab von Drebenstedt folgender Arbeitsaufwand:

**1. ROHSTOFFGEWINNUNG** (insgesamt ca. 840 Personenstunden): Für das Lockern von 138,6 m³ Geschieben (ca. 381,15 t) und 138,6 m³ Erde (ca. 381,15 t) werden ca. 275 bzw. ca. 564 Personenstunden benötigt. Bei den größeren Blöcken gehen wir davon aus, dass es sich um an der Oberfläche verfügbare Findlinge handelt.

**2. TRANSPORT** (insgesamt ca. 26.635 Personenstunden): Für den Transport der Geschiebe können ca. 7.625 Personenstunden, für den der Erde ca. 410 Personenstunden und für das Ziehen großer Findlinge zum Bauplatz 18.600 Personenstunden veranschlagt werden. Dabei gilt, dass das Bodensubstrat aus einer Entfernung bis zu 100 m vom Bauplatz stammt, die Findlinge aber durchaus bis zu 1 km entfernt liegen konnten.

**3. ARCHITEKTUR AM BAUPLATZ** (insgesamt ca. 10.060 Personenstunden): Für das Graben der Baugruben werden ca. 70 Personenstunden nötig gewesen sein, für das Aufstellen der Wand- und Umfassungssteine ca. 7.870 Personenstunden, für das Errichten des Steinmantels bzw. die Aufschüttung des Hügels ca. 1.420 Personenstunden und für das Niederlegen der Decksteine ca. 700 Personenstunden.

**SUMME**: 37.535 Personenstunden, also zwischen 35.000 und 40.000 Personenstunden.

So könnte das Großsteingrab von Drebenstedt bei einem »10-Stunden-Arbeitstag« von 100 Personen durchaus in 40 Arbeitstagen (ca. 2 Monate), errichtet worden sein.

NACHTRAG

BARBARA FRITSCH
LOTHAR MITTAG

# Tangeln

*Fundplatz neu*

## 48

*Foto: L. Mittag 2006.*

**LAGE**: ca. 800 m südöstlich der Melliner Kirche, 700 m südsüdwestlich des Grabes Tangeln Fpl. 5. Oberhalb des hier entspringenden Tangelnschen Baches auf dem Rand eines Bergsporns im Wald; nicht über Wege erreichbar.

**ERHALTUNG**: schlecht, nur noch wenige Steine vorhanden.

**GRABUMFASSUNG**: nicht erkennbar.

**KAMMER**: Anhand der vorhandenen Steine Ost-West orientiert, noch ca. 3,60 m lang und 2,30 m breit, wahrscheinlich rechteckig. Ein Giebelstein und zwei weitere Wandsteine sowie ein Deckstein sind sichtbar. Weitere Wandsteine befinden sich im Boden. Die Kammer wurde in den natürlichen Hang des Hügels eingetieft, deshalb ist kein Grabhügel vorhanden.

**HÜGEL**: nicht vorhanden.

**TYP**: nicht erkennbar.

Das Grab wurde erst kurz vor der Drucklegung dieses Bandes im November 2006 aufgrund von Hinweisen aus der Bevölkerung entdeckt. Von hier sollen in den 1920er Jahren viele Steine abtransportiert und für Bauarbeiten verwendet worden sein. Weder Danneil noch Krause und Schoetensack oder Blasius erwähnen dieses Grab. Dennoch sprechen sowohl die Lage und die Anordnung der Steine als auch die Flurbezeichnung »Backofenkamp« (siehe S. 179 ff.) dafür, dass es sich um ein Großsteingrab handelt.

# Literaturverzeichnis


Bächtold-Stäubli / Hoffmann-Krayer 2000
H. Bächtold-Stäubli / E. Hoffman-Krayer, Handwörterbuch des deutschen Aberglaubens (Berlin, New York 2000).

Bakker 1979
J. A. Bakker, The TRB West Group. Studies in the Chronology and Geography of the Makers of Hunebeds and Tiefstich Pottery (Amsterdam 1979).

Bakker 1992
J. A. Bakker, The Dutch Hunebedden: megalithic tombs of the Funnel beaker culture (Ann Arbor 1992).

Behrens 1973
H. Behrens, Die Jungsteinzeit im Mittelelbe-Saale-Gebiet. Veröff. Landesmus. Vorgesch. Halle 27 (Berlin 1973).

Behrens 1962
R. Behrens, Der Siedengriebener Butterstein. Der Altmarkbote, 7. Jhrg., H. 10, 1962, 313.

Beier 1988
H.-J. Beier, Die Kugelamphorenkultur im Mittelelbe-Saale-Gebiet und in der Altmark. Veröff. Landesmus. Vorgesch. Halle 41 (Berlin 1988).

Beier 1991
H.-J. Beier, Die megalithischen, submegalithischen und pseudomegalithischen Bauten sowie die Menhire zwischen Ostsee und Thüringer Wald. Beitr. Ur- u. Frühgesch. Mitteleuropas 1 (Wilkau-Haßlau 1991).

Beier 1993
H.-J. Beier, Megalithik und Neolithisierung – das Fallbeispiel Altmark. Arch. Inf. 16, 1993, 47–52.

Bekmann / Bekmann 1751
J. Chr. Bekmann / B. L. Bekmann, Historische Beschreibung der Chur und Mark Brandenburg. Zweiter Teil: Von den Alterthümern der Mark (Berlin 1751) 345–452.

Benecke 1910–1920
P. Benecke, Schulchronik von Jübar 1910–1920 (Jübar 1910–1920, handschriftl. Manuskript; Privatbesitz H. Bock).

Bengen 2000
E. Bengen, O Wunner o Wunner – wat ligg hier wohl unner? (Oldenburg 2000).

Bengen / Brohm / Löbert 1998
E. Bengen / U. Brohm / H. W. Löbert, Steinreiche Heide. Ausstellungsführer (Hösseringen 1998).

Beranek 1957
J. Beranek, Salzwedeler Heimathefte, H. 1, 1957, 3 sowie H. 6, 1957, 2.

Blasius 1904
W. Blasius, Führer zu den megalithischen Grabdenkmälern im westlichen Teile des Kreises Salzwedel. 31. Jahresber. d. Altmärk. Ver. f. vaterländische Geschichte u. Industrie 1904, 94–114.

Bock 1991
H. Bock, Zur Ur- und Frühgeschichte der Altmark. In: H. Bock/ I. Fischer / P. Fischer / F. Rattey, Die nordwestliche Altmark – eine Kulturlandschaft (Gifhorn 1991) 11–22.
Bubke 2000
O. Bubke, Gab es in Mahlsdorf ein Mal? In: »Altmark-Blätter, Heimatbeilage der Altmark-Zeitung«, 11. Jhrg., Nr. 18 vom 6. Mai 2000.
Busch / Capelle / Laux 2000
R. Busch / T. Capelle / F. Laux, Opferplatz und Heiligtum – Kult der Vorzeit in Norddeutschland (Neumünster 2000).
Cipoletti 1989
M. S. Cipoletti, Langsamer Abschied. Tod und Jenseits im Kulturvergleich. Roter Faden zur Ausstellung 17, Rankfurt 1989 (Frankfurt 1989).
Cooney 2000
G. Cooney, Landscapes of neolithic Ireland (London/New York 2000).
Danneil 1838
J. Fr. Danneil, Grabalterthümer aus vorchristlicher Zeit; Eintheilung der verschiedenen Grabdenkmäler aus der heidnischen Zeit in der Altmark. Erster Jahresber. d. Altmärk. Ver. f. vaterländische Geschichte u. Industrie 1838, 31–57.
Danneil 1843
J. Fr. Danneil, Specielle Nachweisung der Hünengräber in der Altmark. Sechster Jahresber. d. Altmärk. Ver. f. vaterländische Geschichte u. Industrie 1843, 86–122 mit Taf. II–IV.
Danneil 1859
J. Fr. Danneil, Wörterbuch der altmärkisch-plattdeutschen Mundart (Salzwedel 1859).
Dietrichs / Parisius 1883
H. Dietrichs / L. Parisius, Bilder aus der Altmark. Erster und zweiter Band (Hamburg 1883; Lingen/Ems 1994).
Engel 1930
C. Engel, Bilder aus der Vorzeit an der mittleren Elbe (Burg 1930).
Entzelt 1579
Magister Christoph Entzelts Chronicon der Altmark 1579; Facsimile-Ausgabe (Nachdruck; Stendal 1925).
Erxleben 1824
F. v. Erxleben, Auszüge aus Briefen eines verstorbenen Altmärkers an seine Gattin über altmärkische Merkwürdigkeiten (geschrieben im Jahre 1808). Altmärk. Intelligenz- und Leseblatt, Januar 1824, 30–31.
Fischer 1939
U. Fischer, Großsteingrabuntersuchungen in der Altmark. 53. Jahresber. d. Altmärk. Ver. f. vaterländ. Gesch. zu Salzwedel, 1939, 3–8.
Fischer 1956
U. Fischer, Die Gräber der Steinzeit im Saalegebiet: Studien über neolithische und frühbronzezeitliche Grab- und Bestattungsformen in Sachsen-Thüringen. Vorgesch. Forsch. 15 (Berlin 1956).
Fischer 1979
U. Fischer, Europäische Verbindungen der niedersächsischen Großsteingräber. In: H. Schirnig (Hrsg.), Großsteingräber in Niedersachsen (Hildesheim 1979) 43–58.

Fritsch / Müller 2002
B. Fritsch / J. Müller, Monumente der Steinzeit – Die Megalithgräber der Altmark. In: H. Bock (Hrsg.), Hünengräber – Siedlungen – Gräberfelder. Archäologie in der Altmark. Bd. 1: Von der Altsteinzeit bis zum Frühmittelalter. Beitr. z. Kulturgesch. d. Altmark u. ihrer Randgebiete 7 (Oschersleben 2002) 63–73.
Frommhagen 1992
U. Frommhagen, Archäologische Funde vom Nordrand der Trüstedter Hochfläche. Arch. Inf. Altmark 3, 1992, 7–13.
Gall 2003
F. Gall, Steinzeitlandschaft Latdorf. Kleine Hefte Arch. Sachsen-Anhalt 1 (Halle [Saale] 2003).
Geffert 1962
H.-J. Geffert, Die Letzlinger Heide. In: Der Altmarkbote, 7. Jhrg., H. 1, 1962, 8–11.
Grupe / Herrmann 1986
G. Grupe / B. Herrmann, Die Skelettreste aus dem neolithischen Kollektivgrab Odagsen, Stadt Einbeck, Ldkr. Northeim. Nachr. Niedersachsens Urgesch. 55, 1986, 41–91.
Günther / Viets 1992
K. Günther / M. Viets, Die Megalithgräber Henglarn I und Wewelsburg I im Paderborner Land (Münster 1992).
Haetge 1938
E. Haetge, Kreis Osterburg. Die Kunstdenkmale der Provinz Sachsen 4 (Burg 1938).
Heege / Heege 1989
E. Heege / A. Heege, Die Häuser der Toten – Jungsteinzeitliche Kollektivgräber im Landkreis Northeim. Wegweiser z. Vor- u. Frühgeschichte Niedersachsens 16 (Hildesheim 1989).
Hossfeld / Haetge 1933
F. Hossfeld / E. Haetge, Landkreis Stendal. Die Kunstdenkmale der Provinz Sachsen 3 (Burg 1933).
Hube 2004
H.-J. Hube (Hrsg.), Saxo Grammaticus Gesta Danorum (Wiesbaden 2004).
Keiller / Piggott 1938
A. Keiller / S. Piggott, Excavation of an Untouched Chamber in the Lanhill Barrow. Proc. Prehist. Soc. NS 4, 1938, 122–150.
Kelch 2002
H.-U. Kelch, Geheimnisvolle Näpfchen. In: H. Bock (Hrsg.), Städte – Dörfer – Friedhöfe. Archäologie in der Altmark 2: Vom Hochmittelalter bis zur Neuzeit. Beiträge zur Kulturgeschichte der Altmark und ihrer Randgebiete 8 (Oschersleben 2002) 458–469.
Klaatsch 1922
H. Klaatsch, Der Werdegang der Menschheit und die Entstehung der Kultur (Berlin 1922).
Klaere 1922
B. Klaere, Der Stein. Geschichte eines altmärkischen Kriegerdenkmals (Ahlum). Altmärkischer Hausfreund, 43, 1922, 10f.
Klassen 2001
L. Klassen, Frühes Kupfer im Norden (Moesgaard 2001).
Kögler 2004
A. Kögler, Das Böse und seine Abwehr – Über Rillen- und Näpfchensteine als apotropäische Objekte. Archäologie in Sachsen-Anhalt N.F. 2, 2004, 118–125.

Kossian 2000
R. Kossian, Der Schälchenstein von Emmendorf, Ldkr. Uelzen. In: R. Busch / T. Capelle / F. Laux, Opferplatz und Heiligtum – Kult der Vorzeit in Norddeutschland (Neumünster 2000) 82–84.
Kossian 2005
R. Kossian, Nichtmegalithische Grabanlagen der Trichterbecherkultur in Deutschland und den Niederlanden. Veröff. Landesamt Denkmalpfl. u. Arch. Sachsen-Anhalt 58 (Halle [Saale] 2005).
Krause / Schoetensack 1893
E. Krause / O. Schoetensack, Die megalithischen Gräber (Steinkammergräber) Deutschlands. I. Altmark. Zeitschr. f. Ethnologie 25, 1893, 105–170 m. Taf. V–XIII.
Krüger 1859
J. H. F. Krüger, Der rahder Stein. Zwölfter Jahresber. d. Altmärk. Ver. f. vaterländische Geschichte u. Industrie 1859, 17–23.
Kuhn 1843
A. Kuhn, Märkische Sagen und Märchen (Berlin 1843).
Kuhn / Schwartz 1848
A. Kuhn / W. Schwartz, Norddeutsche Sagen, Märchen und Gebräuche (Leipzig 1848).
Kupka 1908
P. L. B. Kupka, Alte und neue neolithische Funde aus der Altmark. In: Beitr. z. Geschichte, Landes- u. Volkskunde d. Altmark 1, 1908, 2–10.
Kupka 1921
P. L. B. Kupka, Die Wurzeln der mitteldeutschen Steinzeittonware. Beiträge zur Geschichte, Landes- und Volkskunde der Altmark 4, H. 7, 1921, 364–384.
Kupka 1926
P. L. B. Kupka, Bemerkungen zur Zeitbestimmung unserer jüngeren Steinzeitaltertümer. Beiträge zur Geschichte, Landes- und Volkskunde der Altmark 5, H. 2, 1926, 61–81.
Läseke o. J.
R. Läseke, Dorfchronik von Kläden o. J. (um 1935; maschinenschriftliche Abschrift 1972, Pfarramt Kläden, 1972).
Laux 2000
F. Laux, Der »Opferstein« von Melzingen, Gem. Schwienau, Ldkr. Uelzen. In: R. Busch / T. Capelle / F. Laux, Opferplatz und Heiligtum – Kult der Vorzeit in Norddeutschland (Neumünster 2000) 78–81.
Lehrerverband 1908
Lehrerverband der Altmark (Hrsg.), Altmärkischer Sagenschatz (Leipzig, Berlin 1908).
DTV Lexikon 2003
DTV Lexikon des Mittelalters (München 2003).
Lüth 1997
F. Lüth, Salzmünde, Walternienburg, Bernburg. Typologische und chronologische Untersuchungen zum Äneolithikum Mitteldeutschlands. Dissertation Hamburg 1988 (Mikrofiche 1997).
Madsen 1896
A. P. Madsen, Gravhöje og Gravfund fra Stenalderen i Danmark I. Det östlige Danmark (Kopenhagen 1896).

Madsen 1900
A. P. Madsen, Gravhöje og Gravfund fra Stenalderen i Danmark II. Fyen og Jylland (Kopenhagen 1900).
Midgley 1992
M. S. Midgley, TRB Culture (Edinburgh 1992).
Mittag 1992
L. Mittag, Ein vergrabener Findling in der Büssener Flur. Arch. Inf. Altmark 3, 1992, 13–16.
Mohen 1989
J.-P. Mohen, Megalithkultur in Europa (Stuttgart / Zürich 1989).
Mohr / Hühns 1959
H. Mohr / E. Hühns, Einführung in die Heimatgeschichte (Berlin 1959).
Müller 1906
J. Müller, Die Aufdeckung eines Hünengrabes. 33. Jahresber. d. Altmärk. Ver. f. vaterländ. Gesch. z. Salzwedel 1906, 127–128.
Müller 1989
D. W. Müller, Stöckheim. In: J. Herrmann (Hrsg.), Archäologie in der Deutschen Demokratischen Republik. Denkmale und Funde. Band 2: Fundorte und Funde (Leipzig 1989) 406.
Müller 1990
J. Müller, Arbeitsleistung und gesellschaftliche Leistung bei Megalithgräbern. Acta Praehist. et Arch. Berlin 22, 1990, 9–35.
Müller 1994
D. W. Müller, Die Bernburger Kultur Mitteldeutschlands im Spiegel ihrer nichtmegalithischen Kollektivgräber. Jahresschr. Mitteldt. Vorgesch. 76, 1994, 75–200.
Müller 1997
J. Müller, Die absolutchronologische Datierung der europäischen Megalithik. In: B. Fritsch u.a. (Hrsg.), Tradition und Innovation: prähistorische Archäologie als historische Wissenschaft: Festschrift für Christian Strahm. Studia honoraria 3 (Rahden / Westf. 1997) 63–105.
Müller 1999
J. Müller, Radiokarbonchronologie – Keramiktechnologie – Osteologie – Anthropologie – Raumanalysen. Beiträge zum Neolithikum und zur Frühbronzezeit im Mittelelbe-Saale-Gebiet Teil 1. Ber. Röm.-German. Komm. 80, 1999, 25–211.
Müller 2001
J. Müller, Soziochronologische Studien zum Jung- und Spätneolithikum im Mittelelbe-Saale-Gebiet (4100–2700 v. Chr.). Vorgesch. Forsch. 21 (Rahden/Westf. 2001).
Niklasson 1925
N. Niklasson, Studien über die Walternienburg-Bernburger Kultur. Teil I (Halle [Saale] 1925).
Partenheimer 2001
L. Partenheimer, Albrecht der Bär (Köln, Weimar, Wien 2001).
Pohlmann 1901
A. Pohlmann, Sagen aus der Altmark (Stendal 1901).
Pohlmann 1914
A. Pohlmann, Neue Sagen aus der Altmark (Stendal 1914).
Preuß 1973
J. Preuß, Megalithgräber mit Alttiefstichkeramik im Haldenslebener Forst. Neolithische Studien 2 (Berlin 1973).
Preuß 1980
J. Preuß, Die altmärkische Gruppe der Tiefstichkeramik. Veröff. Landesmus. Vorgesch. Halle 33 (Berlin 1980).

Preuß 1983
J. Preuß, Johann Friedrich Danneil und die Großsteingräber der Altmark. Ethnogr.-Arch. Zeitschr. 24, 1983, 649–667.
Priebe 1928
H. Priebe, Die Westgruppe der Kugelamphoren. Beiträge zur Steinzeitforschung (Halle [Saale] 1938).
Raetzel-Fabian 2000
D. Raetzel-Fabian, Calden. Erdwerk und Bestattungsplätze des Jungneolithikums. Architektur – Ritual – Chronologie (Bonn 2000).
Renfrew 1981
C. Renfrew (Hrsg.), The Megalithic Monuments of Western Europe (London 1981).
Richards 1990
J. Richards, The Stonehenge Environs Project (London/Southampton 1990).
Sartori 1910
P. Sartori, Sitte und Brauch. Handbücher der Volkskunde 5 (Leipzig 1910).
Scarre 1984
C. Scarre, Ancient France. Neolithic societies and their landscapes 6000–2000 bc (Edinburgh 1984).
Scarre 1992
C. Scarre, The Early Neolithic of Western France and Megalithic Origins in Atlantic Europe. Oxford Journal of Archaeology 11, 1992, 121–154.
Schirnig 1979
H. Schirnig (Hrsg.), Großsteingräber in Niedersachsen (Hildesheim 1979).
Schmidt 1988
H. F. Schmidt, Die Altmark – ein Lesebuch (Rostock 1988).
Schmitt 2003
Chr. Schmitt, Archäologische Sagenforschung und sagenhafte Archäologie auf der Suche nach slawisch-deutschen Kulturkontakten in Mecklenburg. Bodendenkmalpflege in Mecklenburg-Vorpommern, Jahrb. 2003, 243–264.
Schuldt 1972
E. Schuldt, Die mecklenburgischen Megalithgräber. Untersuchungen zu ihrer Architektur und Funktion (Berlin 1972).
Schulz 1957
H. Schulz, Das Stöckheimer Hünengrab. In: 600 Jahre Stöckheim (Stöckheim 1957) 5–10.
Sharples 1985
N. Sharples, Individual and Community: The Changing Role of Megaliths in the Orcadian Neolithic. Proceed. Prehist. Soc. 51, 1985, 59–74.
Sjögren 2003
K.-G. Sjögren, Mêangfalldige uhrminnes grafvar: megalitgravar och samhèalle i Vèastsverige (Göteborg 2003).
Sommer-Scheffler 2005
M. Sommer-Scheffler, Schälchensteine von der Insel Rügen. Jahrb. Bodendenkmalpfl. Mecklenburg-Vorpommern 2004, 283–294.
Spaldelholz 1733
S. Spaldelholz, Carte der Landgräntze zwischen der Alten Marck Brandenburg und den Braunschweig Lüneburgischen Landen (1733, copiert 1781).

Sprockhoff 1966
E. Sprockhoff, Atlas der Megalithgräber Deutschlands, Teil 1: Schlewig-Holstein (Bonn 1966).
Sprockhoff 1967
E. Sprockhoff, Atlas der Megalithgräber Deutschlands, Teil 2: Mecklenburg – Brandenburg – Pommern (Bonn 1967).
Sprockhoff 1975
E. Sprockhoff, Atlas der Megalithgräber Deutschlands, Teil 3: Niedersachsen – Westfalen (Bonn 1975).
Stuhl 1933
K. Stuhl, Der Stöckheimer Hünenstein (Dolmen) und das Sternbild des Großen Bären. Unsere Altmark, Heimatbeil. z. Salzwedeler Wochenblatt 14, Nr. 9 u. Nr. 10, 1933, 33 f.; 37 f.
Sturm o. J.
H. Sturm, Märkische Sagen (Leipzig o. J.).
Sudhoff 1932
W. Sudhoff, Die Hünengräber des Kreises Salzwedel. In: Sonderheft – 100 Jahre »Salzwedeler Wochenblatt«, Salzwedel, 1. Dezember 1932, 101–108.
Temme 1839
J. D. H. Temme, Die Volkssagen der Altmark (Berlin 1839).
Thorsen 1980
S. Thorsen, Kloggehøj ved Bøden. Et sydvestfynsk dyssekammer med bevaret primaergrav. Kuml 1980, 105–146.
Transport 1920
Der Transport des Abbendorfer Steines für die Kriegerehrung mit Erwähnung des Diesdorfer Steines. In: Salzwedel – Gardelegen Zeitung, 12. Dezember 1920.
Ungnad 1987
H.-H. Ungnad, Kaschaol. Allerley ut'n Hans-Jochen-Winkel (Fotomechanischer Druck 1987, o. O.).
Urban 1993
W. Urban, Eingedrehte Schälchen und geschabte Rillen in Ziegeln mittelalterlicher Kirchen. Lauenburgische Heimat 135, 1993, 3–42.
Vogt 2001
U. Vogt, Das Großsteingrab in Winterfeld. Unveröff. Manuskript (Berlin 2001).
Wankel 1884
H. Wankel, Die Rund- und Wetzmarken in alten Kirchen, insbesondere die der Mauritzkirche zu Olmütz und der alten Georgskirche zu Littau (Olmütz 1884).
Wetzel 1966
G. Wetzel, Die neolithische Besiedlung der Altmark. Jahresschr. Mitteldte. Vorgesch. 50, 1966, 33–60.
Wetzel 1979
G. Wetzel, Die Schönfelder Gruppe. Veröff. Landesmus. Vorgesch. Halle 31 (Halle [Saale] 1979).
Zechlin 1863
Th. Zechlin, Jahresbericht, erstattet in der Generalversammlung vom 19. Dez. 1862. 13. Jahresber. d. Altmärk. Ver. f. vaterländische Geschichte u. Industrie 1863, 3–16.

# Bildnachweis

Titel, S. 5
J. Lipták

## Vorwort

S. 10
Chr. Friedrichs
S. 11
J. Müller
S. 12
Danneil-Museum Salzwedel

## Forschungs- und Zerstörungsgeschichte

S. 13
J. E. Gericke, in Bekmann / Bekmann 1751, 345–346
Titelbild
S. 15
J. E. Gericke, in Bekmann / Bekmann 1751, Taf. II
S. 16, 17 rechts, 18
Archiv Danneil-Museum Salzwedel
S. 17 links
Archiv Landesamt für Denkmalpflege und Archäologie Sachsen-Anhalt (LDA) Halle (Saale)
S. 21
Privatbesitz

## Die altmärkischen Großsteingräber im europäischen Kontext

S. 22
nach Fischer 1979, 29 Abb. 1; Raetzel-Fabian 2000, 218 Abb. 141; Renfrew 1981; Scarre 1984, 329 Abb. 10.2; Sjögren 2003, 17 Abb. 1.2. Grafische Umsetzung: H. Dieterich
S. 23 oben
nach Midgley 1992, 419 Abb. 111 u. 433 Abb. 121 mit Ergänzungen. Grafische Umsetzung: H. Dieterich
S. 23 unten
Madsen 1896, Taf. 41
S. 24
nach Müller 1997, 85 Abb. 13.
Grafische Umsetzung: H. Dieterich
S. 26
J. Müller 1985
S. 28
Keiller / Piggott 1938, Abb. 2
S. 29
Thorsen 1980, Abb. 7

### Die Großsteingräber der Altmark

S. 32
N. Seeländer, nach Entwurf B. Fritsch
S. 34
K. Schauer, in Gall 2003, 7
S. 39
K. Schauer

### Einzelbeschreibungen

*Topographische Karten im Maßstab 1 : 60 000*
S. 42, 44, 48 unten, 54 unten, 64 links, 66, 77 unten, 82 unten links, 86 unten links, 88 links, 91 unten, 114 unten links, 126 links, 128 links, 133 unten, 136 links, 138 unten, 141 rechts, 148 unten, 152 unten, 159, 167 unten
Grafische Umsetzung: N. Seeländer, nach Entwurf B. Fritsch. Darstellung auf der Grundlage der Topographischen Karte 1 : 50 000 (L 3134, L 3330, L 3332, L 3334, L 3336). Mit Erlaubnis des Landesamtes für Vermessung und Geoinformation Sachsen-Anhalt vom 07.11.2006, Erlaubnis-Nr.: LVermGeo/A9-250-2006-14.

*Pläne*
S. 54 oben, 56, 57 oben, 72, 78, 104, 111 unten, 112 links, 114 oben, 116 oben links, 117 oben, 118 links, 119 oben, 121, 133 oben, 152 oben
O. Schröder / B. Fritsch. Grafische Umsetzung: N. Seeländer
S. 48 oben, 52 oben, 67 rechts, 88 rechts, 95 unten rechts, 99, 138 oben, 143 unten, 146 links
J. Müller / B. Fritsch. Grafische Umsetzung: N. Seeländer
S. 61
F. Niquet / B. Fritsch. Grafische Umsetzung: N. Seeländer
S. 40, 91 oben, 101, 108
U. Fischer / B. Fritsch. Grafische Umsetzung: N. Seeländer
S. 149
Röhrig (Archiv LDA Halle [Saale]) / B. Fritsch. Grafische Umsetzung: N. Seeländer
S. 167 oben
U. Vogt / B. Fritsch. Grafische Umsetzung: N. Seeländer

S. 41, 45, 47, 50–51, 53, 55, 58–59, 63, 65, 68, 70–71, 73, 75, 79–81, 83–85, 93, 96–97, 100, 102, 106, 109, 113, 115, 120 rechts, 122–125, 129–131, 135, 137, 139, 142, 145, 147, 151, 153–157, 160, 163, 171
J. Lipták
S. 43
J. E. Gericke, in Bekmann / Bekmann 1751, Taf. I. N I
S. 46, 48 rechts, 52 unten, 62, 64 rechts, 74, 86 unten rechts, 92 rechts und links, 94 rechts, 103 oben, 110 oben und unten, 116 unten und rechts, 128 rechts, 134, 136 rechts, 140, 141 links, 143 oben, 144, 148 oben, 150, 158, 164
Archiv LDA Halle (Saale)
S. 49
Dietrichs / Parisius 1883, 277
S. 56 oben, 57 unten, 67 links, 69, 77 oben, 82 oben, 82 unten rechts, 87 unten, 95 unten links, 98, 105, 107, 111 oben, 112 rechts, 114 rechts, 118 unten rechts, 119 rechts, 120 links, 127, 132 rechts, 146 rechts, 166, 169
Archiv Danneil-Museum Salzwedel

S. 56 unten, 94 oben links
Zeichnung: Ch. Maiwald
S. 76
J. E. Gericke, in Bekmann / Bekmann 1751, Taf. II N. II.
S. 86 oben, 87 oben, 89
L. Mittag
S. 90
Altmärkischer Hausfreund 1931, 5
S. 94 unten, 103 unten
Fischer 1956, Taf. 23,3
S. 95 oben
G. Wetzel
S. 116 rechts, 117 unten, 118 oben, 165
B. Fritsch
S. 119 links
H. Bock
S. 126 rechts
Krause / Schoetensack 1893, Taf. VI,178
S. 132 rechts
Chr. Friedrichs
S. 170
Fotograf unbekannt, Privatbesitz H. Bock

**Der Lehnekenstein bei Bonese – ein urgeschichtlicher Menhir und der Lehnekenberg bei Dahrendorf/Gröningen (Altmarkkreis Salzwedel)**

S. 173
J. Lipták
S. 174
L. Mittag
S. 176
L. Löwe

**Die Großsteingräber und besonderen Steine in der altmärkischen Sagenwelt**

S. 183
J. E. Gericke, in Bekmann / Bekmann 1751, Taf. IV
S. 185
L. Mittag

**Kriegerdenkmäler und Hünengräber**

S. 186, 189 rechts, 191 rechts
H. Bock
S. 187 oben, 187 unten, 188 rechts
B. Klaere, in Klaere 1922
S. 188 links, 189 links
Fotograf unbekannt, Privatbesitz H. Bock
S. 190
Archiv Danneil-Museum Salzwedel
S. 191 links
L. Mittag

## Das Großsteingrab von Stöckheim in Sagen und im Bild

S. 192
Dietrichs / Parisius 1883, 274–275

S. 193, 194
Archiv LDA Halle (Saale)

S. 196
Privatbesitz K.-H. Schulz, Siedengrieben

S. 197 oben, 197 unten links, 198 rechts, 199 links, 199 Mitte und rechts
Privatbesitz H. Bock, Jübar

S. 197 rechts
A. Bock, in Benecke 1910–1920

S. 198 links
E. Krause in Klaatsch 1922

S. 198 Mitte
Maler unbekannt

## Schälchen, Rinnen, Rillen und Sprenglöcher

S. 200, 202–208
L. Mittag

## Zum Zeit- und Energieaufwand bei der Errichtung eines Großsteingrabes

S. 209
Cipoletti 1989, 66 Abb. 32

## Nachtrag

S. 212
L. Mittag 2006